小さな宇宙

ななみ七瀬

清風堂書店 SW

小さな宇宙　目次

第二部

第一部

鳥男

　空気に柔らかな甘さがあったので、あれは春から初夏にかけての夜だろう。夕飯の買い物に出たことを思えば、夜といってもまだ宵の口。その頃に暮らしていたアパートの右隣の家の横にちょっとした路地があり、買い物の行き帰りによく通ったものだった。片側がスーパーマーケットの大きな側壁で、そこには付近の家や外灯の明かりが不思議に届かない。昼間とはガラリと様子が一変するその思い出の路地へ踏み込む前に、私は少しばかり寄り道をしようと思う。

　――路地へ曲がる角の家には小さな庭があり、ブロック塀の向こうに桜の木が一本立っていた。季節になると、それほど大きくはない木に驚くほどのサクランボが実り、幹に立てかけた梯子にのぼって実をもぐ父親と、下から籠を差しだす男の子を見かけたこともある。その枝を黒々と覆いつくしていた毛虫の群れが地面に落ち、向こう側の溝へ横断していたある日の光景は忘れがたい。遅々として進まぬ健気な行進と、そこここに黒々と踏み潰されたもの。焦点をぼかしつつ目を凝らし、できるだけ大まわりにその角を曲がった。——

すぐ先の青果店を中心にした四つ辻の賑わいを懐かしい映像のようにも見せる路地に、その夜、ひとりの人物が立っていた。路地のなかでも一段と暗い無灯の電柱のそばに直立して。それを視野の隅に置いて行き過ぎようとした時、マントを翻すようなバサッと乾いた音がした。思わずそちらを見た私は、それが噂に聞く露出狂だと直感した。はじめて遭遇した露出狂は、巨大な鳥が翼を広げるようにレインコートの前を開いていた。その形のまま身じろぎもしない。私は歩調を変えず、強度の近視眼でじっと見つめた。レインコートの下は裸のようだ。ゴボウのような素足にくたびれた革靴を履いているらしい。その姿は、まるでジャコメッティのブロンズ像が翼を広げているようだった。思考が止まったような状態で路地を抜け、明るい四つ辻でふり返るとブロンズ像は相変わらず直立していたが、翼を広げているか閉じているかは電柱の陰になって見えなかった。

小さな恐怖を突き抜けたところにある滑稽と悲哀のようなもの——。鳥男は、サクランボの実る木や電柱とともに、いまもあの暗い路地に立っている。そして、忘れた頃に大きな翼をバサッと広げる。

雀雑感

堤防の方から飛んでくる一羽の雀がアッという間に大きくなり、鋭く囀《さえず》りながら二階の窓の上を掠めていった。柔らかい弾丸のような飛翔と、その直線的な軌道がまだ目の底に残っている。窓の下は広い変電所跡地で前方にさえぎる物がなく、私に向かって飛んでくるようだった。それもそのはずで、雀を追う私は最後のところで顔をほんの少し仰向けただけで済んだ。消える寸前の姿がもっとも大きく迫力はあったが、その時の雀が羽ばたいていたか滑空していたかは見分けられなかった。ただ呆気にとられて思った、あれは目的地への最短距離を飛んだかと。暗い雲がそれほど急速に空を覆いはじめていた。

雀の飛ぶ速度はかなりのもので、その囀りにも急な響きがあった。ニュアンスからすれば標準語の「大変だ、大変だ」、音からすれば大阪弁の「エライコッチャ、エライコッチャ」に近い。彼らが家族単位で暮らしているのか集団で行動しているのか、その生態については何一つ知らないが、あれはリーダー格か見張り役だろうか。とくに役目を持たない一羽ということもある。まさか遊び呆けて帰り遅れた雀ではないだろう。毎日のように窓から見ている可憐な雀にも、勇ましい側面があるものだと感心した。

勇ましい一羽が窓の上を掠めてしばらくすると、堤防下の道路を見なれた幼稚園の送迎バスがやって来た。フロント部分を動物の顔に作った可愛い車体。幼稚園といえば、駅のプラットホームや階段、そして商店街などで、先生に引率された園児の列をよく見かける。小さな手と手をつなぎ、黄色い帽子をかぶった彼らはまるで雀のようだ。帽子の庇が嘴を連想させるのだろう。

空は墨汁が広がるように一段と暗さを増してくる。私の視野を左から右へゆっくり横ぎるカラフルでずんぐりとした車。その窓の一つ一つに、黄色い帽子の雀たちが揃ってこちらを向いていた。

風船

　ある日、テレビをつけると野球のナイトゲームを放映していた。普段、野球はあまり見ないがチャンネルを変えずそのままにしていると、七回になってタイガースファンがスタンドからいっせいに細長い風船を飛ばした。明るく照らされた夜空にゆらゆらとのぼる色とりどりの風船。はじめて見る私には夢のような光景だった。

　美容室で野球観戦が話題にのぼった時、ずっと気になっていた風船の行方についてたずねてみた。風船の口は縛っていないのでやがてスタンドに落ちてくるのだと係の女性が教えてくれ、それから誰にともなく呟いた。「ちょっと見には綺麗だけど、考えてみれば汚いものですよ」と。彼女はよく球場に出かけるそうで、その言葉には何かしみじみとした実感がこもっていた。唾液は数滴の雨粒のように落ちてくるのか、霧雨のように降りかかるのか聞きそびれてしまった。

　タイガースの歴代の監督のなかに、優勝への抱負をきかれて「縦縞を横縞にしてでも……」と答えた愉快な人がいた。シーズンになると、その縦縞のユニホームの上を着てメガホンを手にした親子を電車のなかでたまに見かける。熱烈なタイガースファンなら、スタンドで霧雨を浴びればよけいに意気が上がるのかもしれない。

昔、大阪の梅田新道に不二家のレストランがあり、そこで飲食をすると帰り際に風船をくれた。糸の先に浮かぶ鉛色の風船はどこか飛行船を思わせ、持って歩くのが誇らしく無性に嬉しかった。その日は叔母と母、そして従弟と私の四人連れで、レストランを出てから堂島方面へ向かった。前を歩く叔母と母が何か楽しそうに話している。ふたりの横顔をかわるがわる見ていると、並んで歩いていた従弟がうっかり風船を手放してしまった。風船は風に流されながらもの凄い速さで空へのぼっていく。四人は路上に立って、ただ茫然と見上げていた。どこまで飛んでいくのだろうと思うほど小さくなった時、従弟が弾けたように泣きだした。私は慌てて彼の手に風船を持たせたが、彼はそのまま泣き続けた。どこまでも遠ざかる風船とその泣き声を、空の深さや盛り上がるような白い雲とともに思いだす。あれは夏の日だったのだろう。

この従弟はずっと小児麻痺を患っていて、叔母は特別の思いをかけていたようだった。彼は二十歳そこそこで亡くなったが、山が好きでまっすぐな気性のやさしい青年だった。

木槌の音

二階の窓の下に、細い道をはさんで変電所跡地がある。そこに聳《そび》えていた鉄塔は長い年月の間にとり壊され、そこを覆っていた豊かな草も姿を消した。コンクリートを敷きつめた殺風景な跡地と、その先に見えるコンクリートの堤防はいまでは一対の風景として目に馴染んでいるが、いつかここにもマンションか何かが建つだろう。そうなれば、日夜窓から眺めている堤防と広い空のほとんどが隠れ、私の日常のどこかが根底から変わるように思う。

その堤防のほうから、閑かで規則的な音が聞こえるようになった。昨日から意識するようになったが、もっと前から響いていたのかもしれない。それほど何気なく、周りの風景に溶け込むような音だった。窓から首を出してじっくり確かめると、斜面の合間に設けられた平たいスペースに屈み込んだ人が木槌のような物を使っている。コンクリートか土でも打っているのだろう。その音が、青い空へのぼっていく。トンテン、トンテン、トンテン……。

誰もが嫌う人工の音の一つに金属で陶磁器をこする音がある。学生時代のある日、その音を平気だという友人が「なんだ、こんな音」と憎まれ口を叩きながら、嫌がる私に聞かせて面白がった。人の聴覚もいろいろだと呆れたが、それにしても、スプーンで皿をこすったあの行為はいまだに許しがたい。それに反して、地球上には自然の美しい音が溢れている。木々のそよぎ、早瀬、通り雨、枯れ葉のころがる音など。

あれから数日が過ぎ、屈み込んだ人の姿が堤防から消えた。午後の窓辺に佇んでいると、いまにも木槌の音が聞こえるような気がする。まろやかな春先の音だ。

雨の情景

大阪市の官庁街を少しはずれた所にあるマンションに十年近く暮らした。北に向いた八階のベランダから眼下の公園を眺めるのが大きな楽しみで、とくに夜が素晴らしかった。公園の縁にぐるりと植えられたヒマラヤ杉の面白いシルエットが闇に際立ち、昼間はこの公園に不似合いな二列の高い糸杉も、夜になってそのうちの一本に満月でも懸かれば、月と糸杉は互いのために生まれたとでも言いたげな絶景を生みだした。

公園を囲む道沿いには小さな雑居ビルや何気ない民家、全体が青く塗られた三階建ての印刷会社などが建ち、正面には赤い屋根の小さな教会があった。その教会の後ろには大きな建物やマンションがあり、赤い屋根の上にのぞく白いマンションのベランダの柵に陽が差すと、その南面は光にまみれた廃墟と化した。つくづく贅沢な風景のなかに暮らしたと思う。

矩形の公園の一部は空地で、そこに数本の桜が弓なりに植わっていた。季節が近づくとその枝にピンクの雪洞が下がり、それがある日の夕方に点る。満開の桜の下で車座になっていた静かな人たちは、ひととき春の夢を見たのだろう。

夏には、この空地で盆踊りが催された。中央に組んだ櫓から放射状に吊るされた提灯が、遅い日暮れを待ちかねたように点る。拡声器から流れる音量豊かな盆踊り唄。しだいに集まってくる近隣の人たちや、揃いの浴衣を着た踊り手たち。櫓をとり巻く輪ともいえない輪は、ためらっていた人たちも加わり、夜が更けるにつれ小さいなりに二重三重になっていくのだった。

その年の夏、準備は整って人の出を待つばかりという時、まだ青さの残る空から雨粒が落ちはじめた。それはすぐ小雨に変わり、やがてすべての望みを絶つような本降りになった。人の姿はもう見えず櫓の向こうの長いテントがただ雨に打たれている。いったん部屋に戻り、しばらくしてまたベランダへ出ると、関係者と思われる三人の男性が長いテントの下に座り込み、白いテーブルクロスの上に一升瓶を置いてコップ酒らしきものを飲んでいた。依然として拡声器から流れ続ける大音量の唄。土砂降りの雨に打たれ、まちまちに大きく揺れる明るい提灯。遠目にもそれとわかる泥濘……。三人はただ茫然と座っているようだったが、カーテンのような雨の向こうに、その夜くり広げられるはずだった幻の盆踊りを見ていたのかもしれない。

少女の武者震い

おかっぱ頭の小さな少女を電車のなかで見かけた。活発で愛くるしい少女は座っている母親から離れ、いまだ興奮冷めやらずといった熱気をふりまきながら混雑した車内を動きまわっていた。遊園地にでも行ってきたのか、ビニール製の赤い刀を持っている。どうやら、なかに空気が入っているらしい。まさか抜けはしないだろうと見ていたら、いきなり抜刀して高々と掲げた。鞘を持つ手を腰にあて、刀の切っ先を真剣に見上げている。揺れる車両に開いた両足を踏んばり、しばらくその形を保っていたが、やおら刀を下ろして素早く鞘におさめた。カチャリと音がしてもうなずけるような刀さばきだった。

私は見た、刀を鞘におさめた瞬間の少女の武者震いを。張りつめた一連の動作の果ての武者震いを。大人たちに囲まれた谷間のような空間で、彼女はまったく別の人物になりきっていた。

いつの時代も、子供たちは彼らの英雄を真似る。その仕草の数々を私は見てきた。

そのなかで、この凛々しい少女は破格の存在だ。あたりをはらう集中と気迫――。それはもう、何かしら異次元のものとしか思いようがなかった。

進化について

類人猿から人へと進化する過程を描いたイラストを教科書か図鑑に見た記憶がある。進化と関わりはないが、そのイラストを思いださせるシーンが映画のなかにあった。場所はネオンが彩る夜の都会の路地裏。地球へ送り込まれた異星人が片膝を立て、両手を地につけた姿勢で着地する。陸上競技の短距離走のスタート姿勢と似ているだろうか。その姿勢からゆっくり立ち上がりつつ歩きだすところを真横からとらえた映像で、直立するまでの滑らかな動きが美しく、異星人の裸体、路地の闇とネオンの取り合わせが印象に残った。

映画を見ていると、時々ハッとするようなシーンに出会う。別の空想未来映画のラスト近くに、そういうシーンがあった。——人間がアンドロイドをビルの屋上に追いつめ、そこで格闘がくり広げられる。そして格闘の果てに人間が屋上から墜落しようとするその時、アンドロイドが人間の手首をつかんで引き上げた。ちょうどそこで、アンドロイドに与えられた時間が切れていく。片膝を立て、そのまま動かなくなったアンドロイドのどこか哀しげな表情が忘れられない。やがてその姿勢から大きな鳥に変身し、まるで十数羽の鳩に導かれるように虚空へ飛びたった。涙が溢れて止まらなかった。その美しいシーンを私は本当に見たのだろうか。後になって何度もそう思ったが確かめてはいない。このアンドロイドもまた片膝を立てていた……。

歴史の年表を見ると、恐竜時代に比べて人類の時代がまだまだ浅いのに驚くが、そもそも単純に比較するのは変だろうか。とにかく、知恵というものを授けられた人類は、その短い時間のなかでここまで来た。ある人は、その知恵ゆえに人類は滅ぶと言う。また、ある人が言ったように人間そのものの最盛期がとうの昔に過ぎているとすれば、われわれは何処に向かって進んでいるのだろう。その辺のことを専門家にじっくり聞いてみたいと思うが、聞くのは怖いような気もする。

私は想像する。私が地球上から消えた遥か後の世界を。寿命が驚くほど延び、もはや人間性について考えることもなく、宇宙の闇に浮かんだスペースシャトルに生き残る、地球を失った孤独な人類の末裔たちのことを。

こむら返り

私には緊張癖がある。長い年月を生きてきたいまも不馴れな出来事にぶつかると必ずというほど緊張する。緊張しないようにと思えばその意識から自縄自縛の状態になり、結局はよけいに緊張する。赤面症の人と似たところがあるかもしれない。

昔、知人の紹介で雑居ビルのなかにある一部屋だけの小さな事務所を訪ねた。話はほぼ事前に決まっていたので、いわば顔見せのようなものだ。社長のほかに社員が一人だけの呑気な職場だと聞かされていたが、考えてみれば会社全体と顔合わせをするようなものだから、それはそれでまた緊張の種になった。その雑居ビルを小さな三角公園の前に見つけ、目指す社名が貼られたドアの前に立った時、私の頭はもうなかば白くなっていた。

私は落ちついて見えたかもしれない。日頃からのひそかな努力が過ぎて、図太いほど落ちついて見えたかもしれない。けれども現実には、うやうやしく名刺を受け取りながら目はその色と形しか見ていなかった。会社側の人たちが妙な顔をしなかったので一応の受け答えはしていたのだろうが、本人は何を話しているかわからず、形ばかりの面談を終えて立ち上がった時には頭が凍り付いたようになっていた。応接セットはなかったはずで、空き机の椅子にでも座っていたと思うがよくは憶えていない。

三人は、間仕切りとドアの間の狭い空間に立ってお辞儀をした。頭がふれ合うかと思うほど深々と。その瞬間、私の右足首がくるりと外側に捻れた。三人の視線の先の奇妙なオブジェのような足首と、引っくり返った紺のサンダル……。その後どんな思いで廊下を行き、エレベーターに乗り、ビルの外へ出たのかこれも憶えていない。

後日、それを面白い出来事として友人に話したが、途中で何度もつまずいた。おそらく、恥ずかしさを消化するずっと前の段階、事務所のドアを閉めた時の茫然自失の状態から一歩も抜けだせていなかったのだろう。いつも微妙なおかしみを分かち合う彼女はクスリとも笑わず、ただ怪訝な顔をしただけだった。

その後、あれは極度に緊張した心が生んだこむら返りの一種だという答えを捻りだしてはみたものの、本当のところ、充分には納得できていない。一つの現象として理解できても、あの可哀想な足首の形を受け入れられないのだろう。

過ぎた時間

初夏の頃は、日没の前後がもっとも美しい。傾く西陽をうけて窓のガラスは整然と光り、建物はその長い影をアスファルトに倒す。少しずつ、ほんの少しずつ日没へと色を失っていく空は陽が地平に沈んだ後もまだ淡い青さを残し、やがて訪れる夜に向かって刻々と表情を変える。

その日は、堂島川に沿った遊歩道を渡辺橋の南詰めから西へ歩いた。植え込みの縁石に腰かけて休んでいると、十人ほどの呑気な顔を乗せたゴムボートが明るい川面を意外な速さで過ぎていった。ちょっとしたモーターでも付いているのだろうか。そばの植え込みでは、一羽の子雀がころがった枯れ枝を跳び移って遊んでいた。毛を立てて丸く膨らんだ胴体に頭がなかば埋もれている。指先につまめそうな頭部に似合って嘴も小さい。親雀はエサを探してその辺を飛びまわっているのだろうか。

離れた植え込みには数えるほどの薔薇が咲いていた。〝マイ・ガーデン〟という柔らかなピンクのものと、〝アイスバーグ〟と名付けられた白に近いものがある。五月は木々も鳥も花もみずみずしい。手に取れそうな午後。この午後も、やがては過ぎ去った時間のなかに組み込まれ、いつか遠い記憶の欠けらになる。

数年前、天満橋の川岸につらなる桜の木の下を歩いた。満開を少し過ぎた頃で、たえず舞う花びらが見る間に土を埋めていく。そぞろ歩く人々と川面をすべる遊覧船。頭が痺れるようなその午後は、花と蕊と萼の色が溶けあってピンクの綿菓子のような記憶になった。

堂島川一帯の空は、まだ水の青さを残している。遠い対岸にそびえる建設途上の高層建築群。その屋上の巨大な数基のクレーンは、夕方の都市の象徴のようだ。薄闇が下りて夜が近づく頃には、空を指すあのクレーンの先に小さな赤い灯が点るだろう。

きみが一等賞

三人の少年が公園の低いブロック塀の陰にひそみ、その穴から道に向けて細い水を飛ばしていた。あたりには夏休み特有のゆったりした空気が漂っている。そこを通りかかると、私にかかってもいないのに彼らは立ちあがり、直立不動で「すみません」と謝った。礼儀正しい。思わず自分の子供時代をふり返って、もう間に合わないが襟を正すような気持ちになった。

彼らは立ち上がったついでに、狙う敵は車のタイヤだと教えてくれた。なるほど、ブロック塀は要塞というわけだ。ちょうどその時、道を塞ぐような超大型トラックがやって来た。そのタイヤを見逃す手はない。彼らは慌てて身を伏せ、また細い水を飛ばしだした。敵である巨大なタイヤは、銀のホイルキャップを光らせながら見る間に過ぎていく。それは立っている私も圧倒されるほど大きかったが、細い水は命中するどころか掠めもせず、小さな弧を描いてタイヤの手前の道に落ちた。

トラックが行ってしまうと、三人は立ち上がってそれぞれの武器を見せてくれた。

二人が持っている青と赤の水鉄砲は、同じデザインの色違い。いかにも現代風で、プラスチックの流線形が美しい。それはふと、新車を連想させた。あとの一人が持っているのは家庭用の霧吹きで、精巧に作られた金属部分が燻したような金の色に沈んでいる。その下の黄色味がかった硝子瓶には細かなオウトツがあり、時代を偲ばせるそれは少年の手にしっくり馴染む大きさだった。

青と赤の水鉄砲はなかなかスマートだったが、霧吹きで同じ距離を飛ばしていたきみに言いたい。独創性と愉快さの点で、きみが一等賞。

草の採集

押し葉にするための草を摘みだして何年になるのだろう。

いまの季節だと堂島川に沿った遊歩道の植え込みには、堆肥にするための枯れ草が山と積んである。その日は、一本の茎にクローバーのような葉がたくさん付いた草を見つけた。サーモンピンクと緑の葉が交じって何ともいえず美しい。抜きだしてみると、繊細な草には不思議なボリュームがあった。その他に、猛々しく枯れきった正体不明の茎や、葉先を真紅に染めたありきたりの草もある。あれもこれも欲しくなり、枯草の山をかき分け続けた。荒っぽい仕草に呆れながらも手が止まらない。手当たり次第にナイロン袋へ放り込むところは、まるで浅ましい盗っ人のようだった。

その夜、収穫物からクローバーに似た草だけを選んで本にはさみ、残りは袋のなかに放置した。もう押し葉にしないとわかってはいるが、なぜか捨てられない。ナイロン袋にそっと手をさし込み、硬くなったものに触れると、指先にカサコソと寂しい音が立つ。数日後、ナイロン袋の内側の細かい水滴に気づいた。枯れきったような植物に残っていた最後の水分だろう。それからまた数日がたって黴《かび》が生え、その臭気は日に日に強くなり、とうとうただの残骸になり果てた。

草を摘むきっかけは車椅子の母との散歩だった。はじめは摘むことだけが目的で、母に待ってもらって二本か三本の草を摘み、何気なくポケットに入れた。そのうちに母が眠ってから本にはさむようになり、やがて訪れた慌しい日々のうちに忘れていった。その頃にはさんだ草が、ふと手にした本からこぼれて驚くことがある。草を摘んだ数年の間は、その場所をはっきり憶えていたものだった。この草はあの道の角の原っぱで、この草はあの公園の近くでというように……。

時の経過がそのまま形になったような押し葉というもの。紙の薄さに乾ききった野草が持つ巧まぬ面白さと、そこに残る昔の面影。それは長い年月に濾過された思い出に、どこか似ていなくもない。

藤の家

西宮市の甲子園口に二十年あまり暮らした。その町で数回の引越しをしたが、最後の借家の前庭に古ぼけた藤棚があった。木製の棚は白茶けてそここが裂け、棚が藤を支えているのか、藤蔓が棚を支えているのかわからないほどだったが、棚の上下には呆れるほどの花が咲き乱れた。素人の誤った剪定が、整然と垂れさがる藤とはまったく趣《おもむき》のちがう豪奢な花を咲かせたのだろう。その季節、駅から線路沿いの道を帰ってきて角を曲がると、こんもりと盛り上がった藤の塊がまず目に飛び込んできたものだった。ひび割れて傾いたコンクリート塀と、貧相な家の瓦屋根の間にのぞく藤の花はほんとうに夢のようだった。

この家でたくさんのビデオ映画を観た。ビデオが全盛を誇っていた時代で、一本のレンタル料金が千円の頃だった。駅近くの店で普段は洋画を、正月になるとなぜか「仁義なき戦い」を借りた。私はあまり邦画を観ないほうで、正月とその映画の因果関係はいまだにわからないが、〝おせち料理〟のおかげで時間はたっぷりとある。一年目と二年目は三巻ほどを、三年目はついに全巻を借りてきて昼も夜も観続けた。出演者はみんな顔馴染みになり、ほとんど惰性で観ていた映画はそれなりに面白かったが、正月気分も何もあったものではなかった。

大きな震災で町を離れた後、その沿線を走るたびに車窓からこの家のあったあたりを探したが、大体の見当さえつかなかった。それから長い年月が流れ、震災の生々しい記憶も遠のいたある夜、目的もなくその町で降りたことがある。誰を訪ねようというのでも何を見ようというのでもなく、自分で降りておきながら当惑するような気持ちだった。藤が咲いた家とは逆のほうへ改札口を出たが、それはそちらの駅前のほうがまだ賑やかだったためだろう。最初に暮らした木造二階建てアパートがあった側で、こちらにはまた別の懐かしさがある。もう暗かったので、シャッターが下りて閑散とした商店街をゆっくり往復しただけ駅に戻った。

見納めのような気持ちで帰りのプラットホームから見下ろすと、外灯の明かりに照らされた小さな寂しい絵のような駅前広場の片すみに、すっかり縁がなくなった町の商店街の入口が見えた。

手のひら

雨の日にぼんやり座っていると手のひらに見入ることがある。この前に見たとは思っても、また見てしまう。生命線が長くなってはいないか、もしかして運命の上向く兆しが現われてはいないか、などと期待しながら。

私の手のひらは分厚く大きいが、生命線は糸のように細くて頼りない。頭脳線は短く、感情線はより損ねた縄のようだ。手のひら全体に走る斜めや横の線は、手相学的にみて最悪だという。何度見てもがっかりする。

手首の静脈を見ていると、学校の理科室に置いてあった人体模型を思いだした。臓器がおさめられた模型や、血管が網の目のように体中をめぐる模型はあまり見たくない。人間の体はうまくできているというが、私はその精巧さが恐ろしい。どうしても精巧さゆえの故障に考えが向いてしまう。骸骨の模型になると身も蓋もない感じはするが、いっそサッパリしている。昔は、ヤケクソになった男性が「人間、一皮むけばみな骸骨だ」などと言ったものだが、あれと通じるところがあるかもしれない。骸骨という漢字を辞書で確かめていると面白い記述に出会った。昔々は辞職を願いでることを〝骸骨を乞う〟と言ったそうで、嘘だとは思わないが本当だろうかと可笑しくなった。それなら、

――きみ、〝骸骨を乞う〟とはいくら何でも突然すぎるよ。

――わたくしにしても無遅刻、無欠勤で三十年参りましたから、よほどの覚悟がなければ〝骸骨を乞う〟ような真似は致しません。

――ハハァ、さては酒席の件を根にもって、〝骸骨を乞う〟なんて脅すんだな。

こういう会話が交わされたかもしれない。それはとにかくとして、人間の脳や体の仕組みに恐れをなす私は、たとえばアメーバのような生物に憧れる。あれは何も考えないだろうし、ギリシア語で変化を意味するというアメーバの動きは、肩凝りからの永遠の解放を思わせる。

夜に入って一段と雨が強くなった。二階の窓から手で受けると、太い雨が無数の棒のように落ちてくる。無風の日の雨はこうまでまっすぐに降るものかと感心した。

階段

大阪駅の朝のラッシュの塊からはずれ、いつものように梅田地下街を通り抜けた。足早な三人のサラリーマンに続いて〝泉の広場〟近くの階段を上がりかけた時、ひとりの青年が階段の上に現われた。今日一日をどう過ごそうか。そんな雰囲気をまとっている。まるで舞台にしつらえた広い階段の向こうから主役が登場したようだった。私たち通勤組と違ってたっぷり時間がありそうな彼は、ラフな服装のズボンのポケットに両手をつっこみ、いまにも口笛を吹きそうな足取りで階段を下りはじめた。楽しげな様子は、そうした生活に入ってまだ日が浅いことを物語っているようにも見える。

青年のさまよう視線と、見上げる私の視線がぶつかった。それが自然の成り行きだというように、彼は階段を斜めに突っきってこちらへ向かってくる。そして私の少し上で足を前後に開いたまま立ち止まり、お茶を飲まないかと誘った。迷いのない落ちついた口調だった。当惑した私は、会社に遅れそうなのでと断わった。事実、走りだしたいような気持ちで階段を上がっていたのだった。時間帯と風体からしても、私は会社員以外の何者にも見えなかったはずだ。〝会社〟という語に反応したのか、彼はハッと顔色を変えた。それから両手をポケットにつっ込んだまま辛そうな顔でのけぞり、そこから上体を大きくグルリとまわした。それは、とても奇妙な動作だった。

普通の道を進まなかったかもしれない青年と、周囲の大人たちからヒンシュクを買うほど愛嬌がなかった二十歳の私。ほんの一瞬にせよ二人を触れ合わせたものがあるとすれば、それは学生時代の名残のようなものではなかったかと思う。あの日の彼は、まだ初々しい坊主頭だった。

七転八倒

どうも気持ちが乗らない。のらりくらりと辞書を引いていたので、その日はあちらこちらに寄り道をした。妙に感心するもの、思わず笑いが漏れるものと、辞書にはいろいろな言葉が並んでいて面白い。ごくたまに揶揄されているように感じるのは、こちらのスネに傷があるからだろう。

七転八倒――苦痛のために、のたうちまわること。自分のためにあるような言葉だと思ったが、精神面でその傾向のある人は案外多いかもしれない。それにしても、私はいつからノタウツようになったのか。思いだせないほど遠い昔のような気がする。それは自分でも腑に落ちないほどで、苦しんだ割に大した成果はなかった。私の場合は、ノタウツ方法を間違えていたのだろう。最近は、ノタウツ行為と考えるという行為は別のものではないかと思うようになった。

アメリカでは、悩み深い人のための薬が薬局に売っているらしい。何十年も前に、男性と女性が一人ずつテレビで紹介された。飲む方を選択した男性は、人生が変わったと晴れやかな顔で斧をふり上げて薪を割っていた。それに対して飲まない方を選択した女性は、悩むのは自分であることの証明だと語った。これは第三者が軽々しく口を挟めない問題の一つだろうと思う。

ある時、私はノタウツ自分のために攻略法を考えた。何かといえばすぐにノタウツ性格はそう簡単に変えられないので、せめて七転八倒という四字熟語を打ち負かしたい。〝七転〟するのは仕方がないにしても、何とか〝八倒〟だけでも。この〝八倒〟という粘りある重たい音に勝てる熟語はあるだろうか。〝七転〟との相性もあるので時間がかかりそうだ。そこで持ちだしたのが安易なところで〝八笑〟。〝八倒〟を嘲うかのようなフワリと軽やかな響きが気に入った。間の抜けた感じも素晴らしい。辛い時には、ひたすら心の中で唱えよう。シチテンハッショウ、シチテンハッショウ……。どこかで聞いたような音だと思ったら、山を登りながら唱える六根清浄《ろっこんしょうじょう》に似ている。もしかすると、これは本当に効き目があるかもしれない。

掛け声

穏やかな秋の日の午後、駅向こうの公園へ写真を撮りに出かけた。カメラはガラパゴス系の携帯電話。線路に沿った小さな矩形の公園は、端のフェンス際から草に覆われた斜面が立ち上がり、すぐ上の線路を電車が走る。駅に近いので各停はゆっくりとした速度で、快速はもの凄い轟音とともに。下から見上げる斜面の向こうにプラットホームの屋根の切れるところが見え、遠い青空との境界に漂う開放感が何ともいえず素晴らしい。

公園のなだらかなスロープをのぼっていくと、それに沿って一段高くなった休憩所に二人の男性がいた。深緑のパラソルの下に、のんびりと足を組んでいる。その足元から少し先のスロープの縁に、大きな黒猫がこちらを向いて座っていた。とっさに手荷物から携帯電話を探しだして構えた。生きものを撮るのはまだ慣れていない。

「ソコヲパチリト撮ルンヤ」――。

休憩所から掛け声が飛んだが、愚図ついている間に逃げられてしまった。私のうろたえた気配が怖かったのだろう。それと、携帯電話を差しだすポーズ。あれだけ立派な黒猫になると、本格的なカメラに馴れていたという気がする。まだスマートフォンがない頃だった。

「待ってました大統領！」という掛け声が劇場の客席から飛んだのは大正から昭和の時代だと思うが、今も飛んでいるだろうか。芝居見物とは無縁の私でも、あれがサクラの声だということは知っている。それを承知の上で気分が盛り上がるから不思議なものだ。舞台と掛け声は一対のものなのかもしれない。舞台に限らずサクラは他の分野でも活躍しているらしいが、私はまだサクラになった経験はなく、当のサクラを見たこともない。

それにしても、大統領とはうまい言葉をもってきた。これが社長だと昔のアルバイト・サロンの呼び込みのようだし、総理大臣ではいかにも語呂が悪い。黒猫に逃げられて大統領になり損なった私は、そのまま閑散とした公園を横ぎって道路の向こうに広がる町の風景を撮った。

隣町の遠い空はどこまでも静かで、秋らしい青さに抜け上がるようだった。

町の音

冬の日が暮れると、灯油を売る軽トラックが町内を走る。スピーカーから聞こえてくるのは、灯油の量と価格を連呼する実直そうな声。その合間に流れる音楽はアラビア風にアレンジされ、蛇使いの笛に合わせたように鎌首をもたげる蛇や、首と手を巧みに動かす女性のダンスを思わせて面白い。救急病院が近くにあるので、サイレンは四季を通して耳にする。家のそばの道を病院へ向かう切羽つまった大きな音や、あちらこちらから病院へ向かってくる遠い音。

いまも耳に残る夕方の音といえば、豆腐や竿竹を売る声。おなじ子供時代でも、古いほど素朴で哀愁があった。工夫を凝らしたものから商品の名前だけを呼ぶ声へと私の記憶は遡る。やや尻上がりの「トーフー、トーフー」。そして、「サオヤー、サオダケー」。それは微妙に節をつけて歌うような人の声そのものだった。

その夕方、駅前を通りかかるとベーカリーの外壁のスピーカーから軽快なシャンソンが流れていた。〝心はひとときパリへ飛ぶ〟〝私にとって音楽はパンにも勝る、いや、パンあってこその音楽〟といった文句を思いだしながら広場を横ぎり、駅の構内を西口から東口へ通り抜けた。東口の駅前広場の中央にある平たい花壇の向こうに、寂れた商店街の入口が見える。角に建つ静まりかえった銀行と、賑やかな音がわんわんと内にこもるパチンコ店。その間のアーケードの下を行くと、うどん屋や間口のせまい書店、寝具店や洋装店といった昔ながらの店が並んでいる。

その商店街のスピーカーから、最近になって静かなクラシック音楽が聴こえるようになった。以前から流れていたものを耳が拾いだしたのかもしれない。夜はほとんど人通りが無くなるので、耳を澄ませばピアノやバイオリンのやさしい旋律がかすかに聞きとれる。その嬉しさは、道を歩いていて思いがけなく暗い夜空に星を見つけた時のようだ。

短い商店街をゆっくり往復してアーケードを出はずれ、ふと見上げると、小さな広場の真上の空にぽっかりと月が浮かんでいた。満月に近い月は大きな暈《かさ》を被っている。おそらく、明日は雨になるのだろう。

先生の水彩画

小学校の担任の先生が暮らす町は、学校のある私たちの町から電車で一駅向こうにあった。ある日曜日にクラスの数人で遊びに行き、駅まで出迎えてくれた先生の後について、どこまでも畑の広がる風景のなかを黙々と歩いた。接待役がお母さんだったので、あの頃の先生はまだ若く独身だったのだろう。

手土産は駅前で買ったケーキだった。ショーケース越しに真っ白い箱を三つ受け取った記憶からすると、ケーキは十二個から十八個あったと思われる。当時のケーキはちょっとした高級品で、普段はあまり縁がなかった。どう考えても、自分たちが食べたいものを選んだのは明らかだ。帰宅してそれを報告すると母は驚いて一瞬絶句し、つぎに全部かと念を押した。私がうなずくと顔を歪め、それから恥ずかしそうに俯いた。人が泣きだす寸前に見せるようなその表情から、大失敗をしでかしたと初めて気づいた。まだ生クリームが使われていない時代で、日持ちするバタークリームだったとはいえ、思いだすと落ちつかない気分になる。

お昼にはお手製のちらし鮨がふるまわれ、私たちは食後にケーキを二つずつ食べた。台所から「もう一つ、いかが」とお母さんの笑顔がのぞいた時、思わず顔を見合わせたが、それが遠慮のためだったか満腹のためだったか思いだせない。

帰る時、私たちは先生が描いた絵をもらうことになった。丸まってズシリと重たげな画用紙の束を小脇に抱え、隣の部屋から戻ってきた先生の姿を憶えている。やがて何枚もの水彩画が畳の上に広げられ、好きな一枚を選ぶように言われた。みんながアレコレと迷うなか、私が真っ先に手を出した。それは黄金色に染まった大きな木が手前に立つ晩秋の絵だった。すると先生が別の絵を指さして残念そうに、「ぼくは、こちらのほうがいいと思うけどね」と呟いた。私は小さな悔いのようなものを感じて先生が指さした絵をじっと見つめた。全体がブルー・グレーの色調に沈んだ広い川と対岸の風景――。その後、みんなが好きな絵を選ぶなか、もっとも親しい手がブルー・グレーの絵に伸びた。

私は考えることがある。あの時に先生が指さした絵は、後年、私が日夜思いを馳せるようになった実家近くを流れる川と対岸の風景、その数十年前の姿ではなかったかと。そして、あの日の小さな悔いが懐かしく胸を掠める。

道

目覚めに向かって眠りが浅くなると、無意識のうちに耳は外界の音を拾うらしい。今朝、カラスの鳴き声を聞いた。どこかに止まっているのではなく、飛びながら鳴いている声。うつらうつらしながら空を遠ざかるカラスと町の屋根を想像した直後、今度は二階の窓の下で立ち話をする人の声を聞いた。そして、彼らの一人がカラスの鳴き声で「さようなら」と言うのを聞いた。

叔母は生活が規則正しく、夜は決まった時刻に眠り、朝は五時に起きる人だった。晩年は目覚めてもすぐには起きださず、しばらくは布団のなかにいたようだ。一日の始まりを告げるいろいろな音が耳に届いただろうと思う。ある時、子ガラスは親について飛びながら鳴く練習をしているようだと話してくれた。「カ、カ、カア」と鳴き声を真似ていた顔を思いだす。

ＪＲの甲子園口で降り、叔母を訪ねるために歩いた道がある。両側に民家の立ち並ぶ普通の道にしては、いつも不思議なほど人を見かけなかった。それをまっすぐに進むと、前方を横ぎる疎水べりの桜の木が見えてくる。春ごとに咲く清楚な桜を、私は生涯で何度見たのだろうか……。その疎水の手前を曲がると、まず目に飛び込んでくるのが水際に建つ叔母の家。その瞬間に受ける楽しい不意打ちのような感覚は、子供の頃から何度味わっても変わることがなかった。

人は一生のうちに無数の道を歩く。生まれ育った町の路地や小学校への行き帰りの道、職場へ向かう閑散とした朝の繁華街、そして線路に沿った夕映えの道など、私も小さな世界のなかで多くの道を歩いた。そのなかには葬儀に参列するために一度だけ歩いた道もある。

叔母が亡くなったいま、私があの疎水への道を歩くことはもうないだろう。記憶に鮮やかな道の一つである。

月と囚人

その四つ辻は、日が暮れるとますます人通りが少なくなる。交差する一本の道の突きあたりは堤防、もう一本の道のすぐ先には線路というように、暗い条件もそろっていた。とにかく静かだ。

四つ辻の角に、古い三階建ての運送会社があった。倉庫を兼ねているので、そこそこの広さがある。私の家はその筋向かいにあり、四つ辻に面した台所の窓の真正面に、玄関のガラス扉と石段、そして会社の全容が見えるのだった。

ある冬の日に窓を開けると、会社の玄関のすぐ上に月が出ていた。大きく丸い月は重量感のある建物にしっくり馴染んでいる。夜空と月と建物のシルエット。それはまるで影絵のようでしばらく見惚れた。そのまま窓の柵を握れば、私はきっと囚人のようだろう。いま何時なのだろうか——。そう思わせるような月の位置で、卓上の時計を見ると、針はきっかり六時を指していた。まっすぐになった短針と長針に妙に感心してそのまま文字盤を見ていると、秒針の音がかすかに聞こえはじめ、しだいに際立ち、そこへ壁時計の秒針の音が重なった。わずかにずれたその音を聞いていると、何かに追われているようで落ちつかない。考えてみれば、絶え間ない秒針の音は命をけずる音でもある。落ちつかなくて当然だ。

私はふと、愛らしい天使を思った。神妙な顔でノミを使う天使や、楽しげにハミングしながらノミを使う天使。たとえ束の間でも、その天使たちの手を止められないものだろうか。天使に性別はないそうだが、子供には違いない。おとぎ話にうっかり聞き入って手がお留守になるかもしれないし、可笑しい話に噴きだしてノミを落とすかもしれない。美しい音楽に耳をかたむけて眠りこけないともかぎらない……。

物思いから覚めて考えた。人の頭のなかで時間は大きく伸び縮みする。楽しい時は短く、苦しい時は長いというように。万人がしみじみ共感する思いは、少し哀しいものが多い。

窓からのぞくと、会社の玄関の真上にあった月はやや傾いていた。空気がぴんと張りつめている。冴えわたった冬の月は、悠久ということを思わせた。

嗚呼

中学一年の時の同級生にM君という秀才がいた。彼はヒョロリと背が高く、瘦せて猫背だった。先生よりも大人のような風貌のM君はいつも超然と独りで、老成した学者のようだった。その周りには見えない高い壁があり、近づこうとする者はいなかったが、昔から聳《そび》える塔を不思議とも思わないのに似て、みんなは大した違和感もなく彼の存在を受け入れていた。

ある日、私たちは遠足に出かけた。昔もいまも、子供が揃って電車に乗ると無闇にはしゃぐ。友だちと私も、通路に揺られて支え合いながらつまらない話に余念がなかった。ふと見るとすぐそばに窓の方を向いたM君の背中があり、吊り革を持った腕がほぼ直角に曲がっている。つくづく感心して斜め後ろからのぞくと、物静かに目を閉じていた。その横顔から受ける感じは、やはり学者以外の何者でもない。興味深いものを見つけたとばかりに、私たちは背後から観察をはじめた。ひそひそ話の正確な言葉は忘れたが、会話の内容はざっとこんなふうだったと思う。

鳴　呼

——ほら見ろ、立ったまま眠っているぞ。
——目を閉じているだけだろう。
——眠らずに、ああまで長く目を閉じていられるはずがない。
——勉強に疲れて目を閉じているのではないか。
——いや、彼はきっと立ったまま眠れるのだ。

M君は相変わらず吊り革を持って目を閉じていた。いま思えば、目を閉じて考え事をしていたというより、二人の会話を聞いていたという気がする。大人が幼い子供の会話にふと耳を傾けるように。いずれにしても、私たち愚かなジャリどもと遠足に連れていかれたM君の心境は、推し量ることもできない。

二年に上がる前のある日、私は何を思ったか通路をへだてた隣の席のM君に、記念の言葉を書けといってノートを差しだした。きっと、聳える塔に一度は近づいてみたかったのだろう。黒板の文字を書き写したノートの余白に、彼は考える間もなくサラサラと漢詩の一節を書き込んだ。冒頭の二文字の読み方をたずねると、M君は「鳴呼《ああ》」と大人のような声で教えてくれた。それまでに聞いたこともない静かで深い声と、やさしい哀れみを湛えたまなざしを忘れない。鳴呼……。

夜のカフェテラス

新型コロナウイルスが現われるずっと前、施設で暮らす母が風邪も引いていないのにマスクを愛用していた時期があった。息が苦しいだろうと気にはなったが、目から下を隠したいという率直な気持ちを聞くと、顔立ちの似ている娘としては一概にはずすようにも勧められなかった。

昔から何かと工夫をする人で、マスクにも手を加えた。その日はマスクの縦幅が気になったらしく、プリーツをより深く畳み込んであった。細くなったマスクがどうにか鼻と口にひっかかっている様子は、昔の時代劇に出てくる盗賊のネズミ小僧治郎吉のようだ。他人なら笑って済むことも娘にとっては切ない。散歩に行く時に頼むと、意外にあっさりはずしてくれた。私の目の色を読み取ったのだと思う。

いつもの喫茶店に落ちつくと、このごろ目が霞んで仕方がないと言いだした。母の年齢だと目が霞むのは変でもないが、うろたえた私は思わずテーブルに立ててあるメニューに手を伸ばしかけた。すると、私の考えを察知したらしい母が、「そんなものは見える」と鋭い声で遮った。叱られたと感じるほどの素早さだった。母はいつも、私の表情や仕草をじっと見ている。一段とうろたえた私が、これは見えるかとテーブル越しに顔をさしだすと、母は呆れたような顔で「この前の目の充血が消えている」と言った。この娘《こ》は何を考えているのか、という思いが伝わってきた。昔から、ごく些細な出来事にオロオロする癖が私にはある。

この喫茶店の壁に、カレンダーから切り取ったような三枚の絵が額に入って掛かっていた。それはみんなゴッホの代表作で、私の好きな『夜のカフェテラス』もある。その絵を見るたびに、あの星空の下のカフェの椅子に座ってみたいと思ったものだった。いつだったか、あの絵が好きだと指さすと、それをじっと見ていた母が「あの椅子に坐ったことがあるような気がする」と呟いた。言いようのない感動を覚えて「ほんとうに」と聞き返すと、母は記憶の奥に何かを探り当てたような目で、確かにあの椅子だったと答えた。

これを書きながら改めて思う。私を切ながらせたネズミ小僧治郎吉も、うろたえる私を叱りつけた人も、星空の下のカフェの椅子に座ったことがある人も、みんな紛れもない私の母なのだと。

赤いポスト

従妹は根っからのハガキ愛好家で、ポストへの思い入れも深い。最近の私は、彼女に触発されて盛んにハガキを出すようになったが、とくにポストを意識するまではいかない。ただ、以前より目につくようにはなった。受ける印象としては「ポストがある」という素気ないものが一番多く、「ポストがあるじゃないか」がそれに続く。「真っ赤に塗られて一本足で立っている」などとは、よほど機嫌がよくなければ思わない。

私はいつも、従妹をハガキ博士のようだと思っているが、博士は自宅周辺の一つのポストに疑念を抱いた経験があるそうだ。理由はその設置場所で、問題のポストは公園の公衆便所の隣にひっそり立っているという。こういう場所に集配の人が立ち寄るものだろうか、と博士は考えた。私はこのポストについて健気という奇妙な印象を受けたが、人によって感想はまちまちなはずで、細やかな気配りを感じなくもないが場所としてはやはり奇妙かもしれない。

ある日、博士はそのポストに自分宛てのハガキを投函した。お元気ですか、という書き出しのハガキはちゃんと届いたそうで、それを電話で話す呆れたような感心したような口調が可笑しかった。ハガキ博士以外の誰がこんな真似をするだろう。

ちょうどその頃、私は大きな寸胴のポストを見つけた。昭和の匂いがする商店街の入口の中央にそれは堂々と立っていた。設置場所は風変わりだが、本来の用途以外に車両を侵入させないという役割を担っていると思えなくもない。地形的にみて、暴走車が突入する事故が過去にあったのかもしれない。いずれにしても、その設置場所はどこか真っ当で、例のポストには遠く及ばない。やはり博士の目がとらえるポストと、私の目がとらえるポストでは、そこに偶然の要素があるとしても決定的に何かが違う。私は、博士がポストに関わってきた長い年月を今更のように思った。

彼女には愛用のハガキがあり、切手にしても珍しいものが貼ってある。私も見習おうと、手始めに〈ピーターラビットとその仲間たち〉の切手を手に入れたが、長くは続かなかった。いつか不思議な場所に立つポストから自分宛てにハガキを出してみたいと憧れるが、中途半端な興味しか持たない私に、あのポストを超えるポストが見つけられるとはとても思えない。

おっかなびっくり

放心する癖はいつから始まったのだろう。思いだせないほど遠い昔のような気がする。ある時、食事中に母の鋭い声が飛んできて我に返ると、茶碗と箸を持つ手が宙に止まっていた。その自分に驚いた覚えがある。おそらく数回に一度、放心する時間が長い時に見かねて注意したのだろうが、母はそういう娘に不安を抱いたのではないかと最近思うようになった。

昔、一日の仕事を終えてその頃に暮らしていた木造二階建てアパートに帰りついた時のことだった。嵌め殺しのステンドグラスが上にある玄関ドアを入り、コンクリートのあちらこちらが欠けた階段を上がって、空が見える吹き抜けになった二階の廊下へ……。ちょっとした空白の後、私は鍵ではなく定期を手にして部屋の前に立っていた。定期でドアを開けようとしたのではなく、ドアノブに向かって定期を見せていたのだった。この時はさすがに恥ずかしくて思わずあたりを見まわしたが、そこには吹き抜けを囲む夜の廊下と、ペンキの色も残らない白茶けた木の手すりがあるだけだった。

これはほんの一例で、こういう時に何を考えていたのかわからない。そのうち、大切な考え事のために放心しているのではないと思うようになり、肩の荷を下ろしたような楽な気持ちになった。

どういう気分に支配されて生きてきたか――。中年期や初老期のある日にそう問われたら、誰もが答えに困らないだろうか。私自身は、ぼんやりした気分に支配されてきたようで、そうとばかりも言えない。悩みやすいが、それも単なる一つの傾向。あれこれ考えながら暗い台所に座っていると、組んだ足からスリッパのゴム底が落ちた。接着剤がゆるくなっている。少し前から落ちだしたのをスリッパを履いたまま踏んでくっつけ、その場その場をしのいでいたが、くり返すうちに落ちる頻度が増してきた。物事を考えつめる癖のある人間には、バランスをとるのにこの程度の横着な側面が必要だとちょっと開き直ってみたが、そうかといって開き直って生きてきた覚えもない。あえて言うなら〝おっかなびっくり〟という言葉が近いようだ。

まるで重大な発見でもしたように感心していると、またゴム底がパタリと床に落ちた。静かな夜には、こうした音も大きく響く。

シャボン玉弾けた

駅へ行くまでの国道で信号待ちをしていると、どこからかシャボン玉が飛んできた。あたりを見まわすと、すぐそばのマンションの高いところから四つ、五つと舞い降りてくる。国道付近の風が複雑に巻いているのか、シャボン玉は途中から別れ、それぞれの風に乗って軽やかに飛びはじめた。

そのうちの一つが、横断歩道を渡る私についてきた。それは顔の横に並び、腰の高さになり、私を追い越して飛んでいく。そのまま横断歩道を渡りきって細い道に入り、少し先の地面すれすれまで下がったかと思うと、またフワリと上がった。ゆるやかな波模様を描いて飛んでいる。私には感じられない風の道が見えるようだ。そこからまた勢いを得たシャボン玉はしばらくまっすぐに飛び、やがて民家の軒先に置かれた鉢植えの花にあたって弾けた。

子供が描いた絵にはいつも驚かされる。たとえば商店街の掲示板に張りだされた小学生のクレパス画。そのなかでも三、四年生の作品にはただもう感嘆する。どこまでも自由で勢いのある線。いまにも流れだしそうな色彩。画用紙いっぱいに描かれた動的なフォルム。上級になると不思議に影をひそめるあの奇跡……。私はいつも思う。大きな美しい鳥の羽ばたきが彼らの上を掠めすぎると。

限りなき死

まだ六月だというのに、真夏のような空が広がっている。

子供の頃、家の前の植え込みにカンナの花が咲いた。紫がかった埃っぽい色の大きな葉と、太い茎の先に咲くこれもまた大ぶりの赤や黄色の花。そのむきだしの原色が、戦後の町に照りつけた太陽とともに私のなかに住みついている。他の花とどこか異質な花は、私が成長するにつれて町から消えていった。そういえば、あまり見かけなくなった花の一つに、カンナとは対照的な青い露草がある。草むらに点々と咲く花は、子供の指先につまめるほど小さいがとても精緻で、しゃがんでつくづくと見入ったものだった。

その当時、町でよく葬儀や霊柩車を見かけた。まるで決まって訪れる休日のように町の家並みのどこかに現われる葬儀と、道ですれちがう奇妙に絢爛とした霊柩車。それは日常的で見馴れた光景でありながら、いつも私の心を竦ませた。うっかり葬儀にでくわすと親指を隠さなければならない。そういう噂が子供たちの間に流れ、実際に私は何食わぬ顔で葬儀の前を行きすぎながら、反対側の手の親指をなかにして拳を握りしめた。その種のことから抜けだすのにもっとも遅い子供の一人だったような気がする。

なぜ親指を隠すのだろうか。どこかでそう思いながら、私はそこから先には踏み込まなかった。親指の意味を知っていたかもしれない年長の子供たちとは違い、シンプルな形でその噂を信じた。いまでも、親指が何を意味するかという解釈の仕方は私を失望させる。私にとって、あれは呪文を唱えるかわりの行為以外の何物でもなかった。死は、無限の時間を生きていると錯覚する子供の不意をつくものであり、私はなかば無意識のうちにそれに対抗したのだと思う。子供が死に対抗するには確かに呪文しかあり得ず、また、それこそがもっとも有効な方法だろう。限りある生と、限りなき死というもの——。

子供時代を遠く離れた私は、カフェの窓から熟れきった午後の町を眺める。あの夏に続いているようだった六月の盛んな青空も、白い雲一つ残して翳りはじめた。

雨やどり

　プラットホームで電車を待っていると、晴れた空から急に雨が降りだした。それは強い雨で、電車が鉄橋へかかる頃には窓という窓がすべて白くなり、外がまったく見えなくなった。電車は徐行することもなく、そのまま鉄橋を渡っていく。いつもの眺望――広い川の流域にかすむ遠い町々――が雨に白く閉ざされた窓というのは、何とも不思議なものだった。

　大阪駅の西口に近い商店街のアーケードを抜けていくと、出口のところに溜まった人たちが叩きつけるように降る雨を茫然と見ていた。空は相変わらず青く、彼らは当惑しきっている。他の感情がすべて抜け落ちたような横顔の透明感が美しい。しばらくその塊に交じって立っていたが、入口付近のコンビニまで引き返して傘を買い、彼らのそばをすりぬけて待ち合わせの場所へ急いだ。

　昔、地下通路から地上へ出る階段で、通り雨が過ぎるのを待ったことがある。混み合った人の流れにのって階段を上がり、地上まであと数段というところで激しい雨に気づいた。私の前には、数人のスーツ姿の男性が立ち止まっている。雨はすぐには止みそうにない。いったん地下へ戻ろうと思ってふり向くと、狭い階段は人で埋まり、その列は地下通路まで続いているようだった。人をかき分けて下りられなくはなかったが、異様なまでの地上の明るさが決心を鈍らせた。無数の棒のような雨に光が乱反射しているような明るさだ。

思いきり悪く階段の上と下を見くらべていると、すぐ後ろの男性と目が合った。彼は、「困りましたね」とでもいうように微笑んだ。ほんとうに困った。見えない地下通路はざわめき、地上に近いほど静まっている。前に立つ人たちの背中には落ちついた覚悟のようなものが感じられ、私のようにふり向くこともしない。その背中の先に街路を叩く雨の音が聞こえた。

私は迷うことを止めて雨の地上を眺めた。いったん心を決めると人はまた違ったものを見はじめるらしい。眩しいほどの光に満ちた地上に打ちつける雨と、跳ねる飛沫。それは見たこともない太さで、時々そのなかを大きな足と靴が駆けぬけていく。それらすべてが目の高さにあった。階段の前と横から飛沫がかかるのも構わず、私たちは茫然とその場に立ちつくした。

勇敢な彼女

人から聞いた話をしたいと思う。

舞台は、とある工場の塀沿いの道。私は記憶のなかで長い塀をレンガ塀に変えてしまったが、それを除けばこの話に少しの誇張もない。まだ二十代だった彼女が、会社の同僚とその道を歩いている閑かな情景から時間は動きだす。

時は、初夏の午後とでもしておこう。道の向こうにひとりの男が現われ、自転車を押しながらやって来る。その姿がしだいに大きくなり、彼らがすれ違おうとした瞬間に閑かな空気は破られた。破ったのは男の片手。それが彼女の胸を鷲づかみにしたという。そして、そのまま平然とすれ違っていった。これは私の臆測だが、平然と歩きさる後ろ姿が彼女の心に火を付けたような気がする。カッとした彼女は同僚に荷物をあずけて追いかけ、彼女の表現を借りると男の頭をボカボカに殴りつけた。

私は浮かび上がるイメージに抵抗できず、ここで笑いだしてしまった。後から後から笑いが込み上げて止まらない。笑いながら考えた。ものすごい勢いで追ってくる女性に、男はびっくりしただろうか。それとも後頭部に一発食らうまで気づかず、鼻唄まじりに歩いていたのだろうか。何より可笑しいのは、道の遠くで狙いを定めた時点から殴られるまでの目まぐるしい心の変化、その大きな落差だ。笑い続ける私に、「だって、その人は自転車を持って両手が塞がっていたもの」と、彼女はきまり悪げに呟いた。

私も二十代の時、すれ違いざまにこのケースより酷い痴漢に遭ったことがある。それは朝のラッシュ時で、痴漢と私のそれぞれが逆に向かう人の流れの端にいた。それはアッという間に起こり、自分でも驚くような屈辱感を抱いたまま私はふり向くこともできず、規則正しい早足で歩き続けるしかなかった。

大笑いは彼女の勇気への喝采であり、自転車男に対する怒りの裏返しであり、そして人には話していないこの経験が底辺にあったが、大笑いして伝えるタイミングを逃した。私は続いて考えた。胸をつかむためならハンドルを放せた片手も防御のためには使えず、首を竦めて殴られるままになっていたのだろうと。

彼女がどれほど殴り続けたか、殴った感触がどんなふうだったか、頭のどこに何発命中したのか私は知りたい。聞きそびれたことは後年になって祟った。話を思いだす時間が短くなるだけでなく、ディテールの不足は臨場感の欠如につながる。大笑いして彼女に悪かっただけでなく、男が去っていく様子を満足に書けもしない。とりあえず、男はうなだれてトボトボ立ち去ったとでもしておこう。トボトボとはいっても、男が内心「今日は日が悪いのか、とんだ災難に遭ってしまった」と思っていなかったとは限らない。

彼女がひとりで乱闘をくり広げたところは工場の裏門あたりだそうで、そこには守衛の男性が立っていた。矛先は次にそちらへ向けられた。なぜ黙って見ていたのかと彼女はつめ寄った。話の合間に泣きそうな顔で私に強調したところによると、一部始終が見える位置関係にあったらしい。猛然たる抗議に対して、守衛の男性は「あ、いや。あ、いや」と口ごもりながら目を白黒させた――と、彼女は遣り場のない思いを目に滲ませて話し終えた。

やがて彼女と同僚はその場を去り、塀沿いの道にまた閑かな時間が戻ってくる。工場の裏門にやや首をかしげるようにした守衛の男性をひとり残して、私もまたこの場から立ち去ろう。

真綿で首を絞められる

日常からたまに抜けだす。非日常へではなく、どんよりと曇った空の下から青空の下へ移動する気持ちで、日常と地続きのような川向こうの都市部へ。電車のドアがいっせいに閉まって動きだすと心がフワリと軽くなり、鉄橋へかかると楽しい予感に包まれる。そして対岸の建物が大きく見えてくる川のなかほどでそろそろ実感が湧いてくる。電車がいよいよ都市部へ入り、大きな建物の合間に歩き馴れた道が見え隠れするその時に胸を掠める安らぎにも似た思い。まるで故郷にでも帰っていくようなあの懐かしさは何だろう。やがて電車は、何本もの入り組んだ線路と独得の風景のなかを徐々に減速して大阪駅の構内へ……。

西口方面のプラットホームはいつも閑散としている。その日、改札口へ向かう階段を下りていると、上がってくる幼稚園児たちの長い列とすれ違った。黄色の帽子はよく見かけるが、彼らは白地に格子柄のものを被っている。白とピンク、白と青の二通りでこれは珍しい。階段を下りきって左へ曲がってもその列はまだ続いていた。いつ見ても雀のようだと感心していたら、そのなかの一羽が突然スキップをした。抑えきれない喜びの表れだろう。

改札口を通り抜けて、待ち合わせの場所へ向かった。晴れた日には、そこへ着くまでの十分足らずが楽しい。これは散歩の前の特別な時間だ。高架下の横断歩道を渡って左へ行くと、都市の青空が頭上に広がる。はやばやと思いを馳せるのは、すぐ先の角を曲がった所にある緑豊かな一画。散歩の起点になるこの一画までの時間は、人の一生のうちの幼児の時間と似ているかもしれない。雀のスキップは、あの時の私の気分そのものでもあった。

遅めの昼食にたっぷり時間をかけた後、いつもの散歩コースを歩いた。建物に嵌め込まれたガラスが縦横に光り、街路樹の一列の影が倒れる風景のなかを。高速道路と青空が遠い町々を思わせ、現在《いま》という時が永遠に続くかと錯覚させる午後の盛りを。

お茶を飲んでおしゃべりをするうちに陽は沈み、街にはいつか灯が点っている。残された時を過ごすために、ぶらぶらと散歩の起点へ戻った。車道を流れる車のヘッドライトや赤いテールランプ、ネオンのなかを行き交う人々といった見馴れた夜景はいつも寂しくいつも新しい。その大通りから暗い脇道に入り、大小の建物の間を歩きながら私はいつも思う。頭が痺れるようなあの午後はどこへ消えてしまったのだろうと。

ビルの谷間にあるカフェは、夜になると一段とその雰囲気を増す。散歩の終わりに立ち寄ることが多い、ガラスに囲まれて明るく点る空間。そこで熱いコーヒーを飲み、音楽に耳を傾ける。そこから動きたくないような居心地の良さに反して進む時計の針。やがて、あちらこちらに空席が目立ちはじめると、私はテーブルの下でしきりに腕時計をのぞきだす。ひたひたと満ちてくる静けさ。まもなく電車に乗って都市部を離れ、暗い川を渡らなければならない。九時を過ぎると、まるで真綿で首を絞められるようだ。時を追ってジワリジワリと絞め上げられ、夜が更けて観念ということになる。

そういう私は新しい朝に目覚め、懲りもせずにまた出かけていく。いつものように真綿で首を絞められるために。

火星探査

二〇五〇年を目処に火星探査の計画が進められているという。移住が最終目的としてあるらしいが、まるで夢のような話だ。かりにその日が訪れるとして、移住する人たちの選別は誰がするのだろう。難しい選別の結果、条件に該当していても自分は残ると言い張る人が出てくるような気がする。人間のあらゆる感情が交錯するだろう日々。それを想像さえできない私は、腹立ちまぎれに考えた。地球環境を破壊しつくした人類の一部が火星に移住して生き残り、そこでまた似たような歴史をくり返すのかもしれないと。

他の星へ移住した人間が宇宙船に乗って地球へゴミを捨てにやって来る……。過去につくられた空想未来映画にこういうシーンがあった。当時は荒唐無稽に感じたこのシーンも、いまとなってはやや現実味を帯びはじめたが、それにしても地球や人類は宇宙において何らかの意味があるのだろうか……。

そんなことを考えながら暗い道を帰ってくると、公園を囲む低いブロック塀の上に一匹の猫がくつろいでいた。初秋の夜気を楽しんでいるらしい。近づくと逃げそうなので歩調を変えずに横目で見つめた。すると猫の方でも見つめ返した。「何か、ご用ですか、できれば放っておいてほしいな」――猫の目はそう語っているようだった。それから、さもきまり悪げに目をそらした。この目つきが何とも言えず可笑しく、私を楽しい気持ちにする。

何年も前、淀屋橋でこれと同じ経験をした。ビジネス街に残っている家の板塀の上にその猫はいた。視線を感じて私がふり向いたのか、ふり向いたから猫がこちらを見たのかわからないが、とにかく十数メートルの距離をはさんで見つめ合った。その時の、きまり悪げに目をそらした猫をひさしぶりに思いだした。

目の前の些細な出来事は、時として私には宇宙のように大きい。その夜の猫の目の印象は、火星についての漠とした物思いをほんの一瞬で粉々に砕いてしまった。

栗鼠の手首

窓の眺めがひらけているので、二階の小さな部屋で過ごす日が多い。ほとんどは机がわりの置きゴタツに座っているが、その姿勢に疲れたり気分が一段落すると、時々立って窓の外を眺める。五月だというのにまだ底冷えがして、私は家のなかでも分厚いダウンジャケットを着ているが、少し前からすると堤防の上をそぞろ歩く人の数は増えた。

二階の窓の風景は、私専用の絵のようなものだ。堤防の斜面には下の道路から車用の長いスロープが走り、細い歩道がそれに沿っている。それと、白いガードレール。滅多に車の通らないスロープの堤防側は切り立った崖で、その上には落下防止用の黒い鉄柵。呆れるほど穏やかないつもの風景が広がっている。

ところが、その日は何かが違っていた。空や堤防に変わったところはないが、いつもはあまり気にしない黒い鉄柵の上に、小さな丸い物体がある。窓の額縁のなかの絵に描かれた点ほどのもの。あれは何だろうと目を凝らすと、わずかに傾斜した手すりの上を雀が滑っていた。実際には小刻みに歩いているのかもしれないが、遠目には手すりを滑り台にして遊んでいるようにしか見えない。広い青空を背景にした童話の世界がそこにあった。

私が親しかった猫は、後ろ足で首を掻く時に白目をむいたものだった。それを初めて目撃した時はほんとうに驚いた。掻く足に神経が集まりすぎて、他がお留守になるのだろう。これは動物にかぎらず人にもあるだろう。怖いような可笑しいようなあの顔が懐かしい。

トイレにぼんやり座っていると、たまに背中が痒くなる。手をまわして掻いていたある日、もう一方の手が奇妙な形で宙に浮いているのに気づいた。似ているものを挙げれば栗鼠の手首だろうか。例の猫の白目を見た時より驚いたが、どうも利き手ではない左手で掻いていると現われるらしい。これは大人には似合わないと反省をくり返すうち、いつか現われなくなった。

私はいまでも惜しむような気持ちで思いだすことがある。失って二度と戻らないあの栗鼠の手首を。

ドッペルゲンガー

大阪駅の乗りかえ用コンコースからプラットホームへ下りるエスカレーターは長い。夜だと虚空に漂いでるような不思議な感覚を味わうが、それは視界の一部が屋外にひらけている駅の構造や、遠くに目をやる私の癖と関わっているような気がする。そうしてゆっくり下りながら、何本ものプラットホームや線路、駅の外にある赤い観覧車を見るのが習慣になった。観覧車の入り組んだ骨組みが闇に妖しい。

昔、神戸にあるデパートの二階からエスカレーターで下りていた時、一階通路の人の流れのなかに見覚えのある男性の横顔を見かけた。誰かは思いだせないが、確かによく知っている。突然、異様な恥ずかしさに襲われて前の人の背中に隠れた。膝を折ってまっすぐ沈みながら、隠れなければならない過去はないがと不思議に思ったのを憶えている。後日、ボーリングの試合でその男性を見かけた時はテレビの前で唖然とし、こういうふうに頭の回路が混線することもあるのかと呆れた。しばらくの間は、そのプロボーラーを見るたびにバツが悪くて困ったものだった。

あの日、人の流れのなかにもし自分の分身を見かけていたらどう対応したか——。恐怖に凍りついて何も見なかったと自分に言い聞かせるだろうか。それとも、魅入られたように後をつけて行くだろうか。私の分身はあれこれと迷ったすえ嬉しそうにたった一枚のハンカチを買い、次に地下の食料品売り場を歩きまわって夕飯の惣菜を仕入れ、腕時計にチラリと目を落としてエスカレーターで一階に上がる。それからデパートを後にしてひとけのない交差点を渡り、幾つかの角を曲がって港に通じる風景のなかをゆっくり歩いていく。どこまで尾行するつもりだろうと思ったその時、立ち止まった分身がふっとこちらをふり返る……。

子供の頃、分身を見れば死ぬらしいと囁き合った。私は分身を見た経験がなく想像さえできないが、辞書にはその言葉が見られる。現実には世界中で幾つもの症例が報告されたのだろう。そして、彼らはその後も無事に生きたのだと思う。子供にかかっては、死でさえも時にロマンの種にされてしまうようだ。

ドッペルゲンガー／分身。自己像幻視。幻覚の一種で、自分自身の姿を前方に見るもの。

吾はゴッホになる

これは版画家、棟方志功の懐かしい言葉だ。少年だったある日、道で転んだ彼が顔をあげると、すぐ目の前に黄色い花が咲いていた。自分はゴッホになる。それを見た時、彼はそう思ったという。タンポポにせよ他の野草にせよ、極端に目が悪かった志功にとっての黄の花の鮮烈さがどれほどのものだったか私には想像もつかない。ふと、考えた。人に運命というものがあるとするなら、それとは切り離せない必然と偶然、偶然と必然ということについて。

映像で見た志功は、観世音菩薩と呟きながら一心不乱に彫刻刀を使っていた。魔法のように動く彫刻刀と、ものすごい速さでくるくるまわされる版木。目を突きはしないかと怖くなるほど版木に近づけていた丸い眼鏡の横顔を思いだす。

私はその頃、友人へのハガキに押し葉を貼りつけるという子供じみた遊びに熱中していた。繊細な押し葉を透明のテープで押さえ、余分なところをカッターナイフでざっくり切り取る。深夜のひとり遊びは、それが子供じみていればいるほど楽しい。

ある深夜、不器用にカッターナイフを使っていると志功の映像が脳裏を掠めた。めずらしい人を思いだせて嬉しいが、魔法のような彫刻刀の動きが目にちらついて怖い。

思わず、彼ならどれほどの速さでカッターナイフを使うだろうかと考えた。もし私が観世音菩薩と呟けば、あの濁声が耳元で囁くかもしれない。ぼくがかわりに切ってあげようかと。

その人のテーマ

落語に出囃子というものがある。落語家にはそれぞれ独自の出囃子があるようで、それが鳴るなかを舞台へ登場するが、その登場の仕方から芸は始まっているのだろう。誰だったか、独特のリズムのある歩きぶりで現われ、座布団に座るなり指を使って羽織を後ろへ落とす人がいた。この一連の動作が何とも粋でさりげなく、思いだすたびに感心する。

アガサ・クリスティ原作の映画で、青い海に浮かぶ孤島のホテルを舞台にしたものがあった。これに私立探偵ポワロは登場せず、かわりにミス・マープルが活躍する。島のホテルを経営する若い夫婦の妻のほうが夫の企みでしだいに神経を犯されていくストーリーで、この美しい妻が登場する時に、短くやるせない旋律が吹きすぎる風のように流れた。

ここからは私の即興の映画。——ある冬の日の午後、いまはすっかり落ちぶれた作曲家が郊外の墓地に沿った道を俯きかげんに歩いている。それは彼がよく散歩する高い並木の間の一本道で、滅多に人を見かけないその道の向こうから、めずらしく花束を片手に下げたひとりの女性が歩いてくる。彼はふと立ち止まってしばらく見ていたが、かすかに首を振ってまた歩きだした。コートの襟に隠れてはいるが、確かに見覚えのある頭から首すじ、首すじから肩にかけてのライン。どこか懐かしい人のような気がしても、荒れた生活を送ってきた彼には思いだせない。もどかしい……。その時、枯れ葉をころがす風に乗ってかすかな旋律が流れてきた。それは春の訪れを思わせる眠りから覚めていくようなワルツ。彼が若い日にある女性へ贈った小品だ。そのみずみずしい季節が胸に蘇りはじめ、ふたりの距離が縮まってくる絶妙のタイミングで画面が止まり、クレジットが流れる。――

テーマ曲といえば、私の場合は反射的に『第三の男』のハリー・ライムを思いだし、映画のなかに描かれたウイーンの町の情景とチターの音色が蘇る。こうして、あの名作のラストシーンを想像上の三文映画に盗用した私はそれだけでは気が済まず、机に積みあげたＣＤからアントン・カラスの『ウィンナ・オペレッタの花束』を手に取った。

至芸

現在のように多くの観光客で賑わう前、大阪城からそう遠くないマンションに暮らしていた。ちょっと歩けば建物の間に天守閣の見えるところに暮らしながら滅多に城内までは行かなかったが、外堀通りが好きで気が向けば散歩に出かけた。花見時でも、どちらかといえば城内の桜より、城外の街路樹に惹かれる。とくに近くの学校の退け時を過ぎた外堀通りには、都会的な雰囲気と木々の多い静けさが溶け合った、私には逆らえない空気が漂った。

ある日、外堀通りへ向かう坂道でひとりの小学生に出会った。ランドセルを背負い、つばの広い帽子に半ズボンの制服姿で、片側が石垣になった道を下りてくる。小さな姿はしだいに大きくなり、やがて一メートルの近さまで来たかと思うとそこで立ち止まり、私に向かって不思議なシナをつくってみせた。まったく突然の出来事だった。肘を曲げた両手をもち上げて首をすくめるポーズ。それは洋画のなかによく見たものと似てはいるが、片足に重心をかけて微妙に体をしなわせたところが彼流だった。細い体にみなぎるエレガンスと愛嬌に溢れたまなざしとの調和。一瞬呆気にとられ、そして見惚れた。その場に茫然と立つ私を置き去りにして、彼はそのまま何事もなかったようにすれ違っていった。何という鮮やかさ。残された私は、思わず声を立てて笑ってしまった。外国の人なら天を仰いだかもしれない。

一瞬の至芸――。そんな言葉が胸を掠めた。信じがたいものを見たような余韻に浸りながら、私はまた午後の坂をのぼりはじめた。

花の下の午後

桜が満開の一日、父と母と私の三人で阪急沿線の夙川へ花見に出かけた。土手に長くつらなる清潔な桜はどの木もいっぱいに枝を張り、両岸から幅のない川のなかほどへ触れ合うばかりに迫っている。太い根が土から盛り上がるひときわ見事な木の下で頭上ちかぢかと花に覆われた私たちは、しだいに言葉を失くしていった。少し離れた斜め向こうの土手に、息子を真ん中にした三人連れが座っている。彼らもまた無言だった。あたりに人の姿は見えない。この時、世界には咲き極まった桜と二つの家族が存在するだけだった。

私は三人が気になって、なかば風景を見るように向こう岸の家族を見た。あちらでも私たちを見ている。おそらく、なかば風景を見るように。私の目には、その家族が寂しげに映った。私と似たような年頃の息子の目にも、こちらの家族が寂しげに映ったかもしれない。水の涸れた川をへだてた見ず知らずの息子と娘の間に、淡い悲哀のようなものが通い合ったとして何の不思議があるだろう。

風は無く、視野を埋めつくす花は動かなかった。突然、奇妙な思いが胸を掠めた。向こう岸の三人と、こちらの三人はなぜ一緒にいないのだろう。花を見るのではなく、人生を共にするという意味合いで。それは途方もない思いつきのようであり、素朴な子供の疑問のようであり、同時に言いようのない堅固な何かだった。

ふり向けば、人と桜が溶け合った絵のようなあの午後がある。二つの家族は、その風景のなかに描かれた小さな人物のようだ。あれから、もう数十年の時が流れた。

プラスX

とにかく暑い日だった。

駅近くのケンタッキーフライドチキンの店で涼んでいると、ひとりの外国人男性がコーラのようなものが乗ったトレーを持って、すぐ前のテーブルについた。それから少しの間も置かず、グラスに入ったそれを一気に飲み干した。砂漠でも歩いてきたか、と冗談を言いたくなるような慌しさだ。それから一つ大きな息をして立ち上がり、背後の返却台にトレーを置いた。喉が渇いていただけでなく、急いでもいるらしい。近くの自動販売機を利用するのと何が違うのだろう。もしかすると、座って飲むことに拘りがあるのだろうか。そんなことを思いながら、トレーのグラスに残る嵩高い氷をぼんやり眺めた。

自動ドアが音とともに開いた時、私の席からは見えない注文カウンターから彼の背に「ありがとうございました」の声が飛んだ。落ちついて深みのある声は、聞き覚えのあるアルト。彼がそのまま出ていこうとすると、「お客さま、お忘れ物ですよ」と、そのアルトが追いかけた。タイミングと声のニュアンスが、「また、どうぞ」と変わらない。クルリとふり向いた手ぶらの彼は照れ笑いもせず席へ戻り、唯一の荷物である黒い鞄を床から持ち上げた。それから驚くほどあっけらかんと日本語で礼を言い、今度こそ自動ドアを通り抜けて店から出ていった。

私は一連の経緯をただポカンと見ていた。彼の席は注文カウンターからほぼ死角の位置にある上、鞄は椅子の向こうの床に置かれていた。ということは、忘れ物を知らせた彼女の脳裏に、黒い鞄をさげて来店した彼の残像があったということになる。それにしても呆れるほど落ちつき払った対応で、私はそこにちょっとしたユーモアさえ感じた。ぎりぎりのところまで訓練された目と、とっさの出来事にも動じない心。普段から私はこのベテラン女性のひそかなファンではあるが、その日ばかりは溜息をつくような思いだった。

一見地味でありながら、どこか只物ではない雰囲気をまとう彼女こそ、真のプロフェッショナルなのだろう。そして、それだけでは語りつくせない何かをその人は持っている。

季節

二階の角部屋でぼんやり寝転んでいると、目は天井に向いたり壁に移ったり、その辺に置いてあるものへと絶えずさまよっているが、ほとんど何も見ていないらしい。そのかわり、知らず知らずのうちに耳が地上の物音や人の声を拾っている。のんびりと話しながら家の角を曲がっていく二人連れの会話の断片や、ボールの跳ねる音と子供たちの歓声。そして、いつの間にかそれが消えた後の四つ辻の静寂。私は時の推移に耳を澄ます。

廃品回収車がアナウンスを流しながら通り過ぎた。たっぷりと間のある女声のアナウンスが、怪談でも語り聞かせているようで面白い。その声がゆっくり遠ざかって聞こえなくなり、忘れた頃にまた戻ってきた。子供の頃によく通った昔ながらの町内の道すじや、そこを移動する軽トラックが見えるようだ。そのアナウンスも、いつか聞こえなくなった。

静けさに誘われるように起き上がって窓からのぞくと、幼い女の子が自動販売機の前で踵をぎりぎりまで上げ、コインを持った手をいっぱいに伸ばしている。母親にたずねることもなくボタンを押すと、ペットボトルが午後の空気をふるわせて取りだし口にすべり落ちた。それを手に覚束ない足どりで歩きながらその子が言った。「こんな温かいのをあげたら祖母ちゃん喜ぶな」――。

人はその多くが生まれ月を好むと聞いたことがある。私も昔から自分の生まれた十月が待ち遠しく、残暑を過ぎて秋へ向かう空気に触れると気持ちが引き締ったものだった。新たな季節の訪れは、新たな思いを人にもたらす。半年ぶりに制服の長袖に手を通した時の、あのひんやりした感触と嬉しさを忘れない。

人生には幾つもの季節があり、そのなかには、固く目をつむるようにしてやり過ごすしかない季節があるだろう。私はいま、その道のりの途上にいるような気がする。気の長い話だと溜息をつくような思いで寝転んだはずみに思いだした。その昔、塵のなかに端然と座っているような女性が好きだと書いた作家がいたことを。

あれは確か、坂口安吾ではなかったか。

眉間のシワ

若い頃のある日、眉間のシワを強く意識するようになった。子供の頃から時間をかけて刻まれたらしいシワは、ミニチュアの二本の深い渓谷のようだった。手相は迷路のようで頼りないが、眉間のシワは太くて断固たるものを感じさせた。

大人になって、これを消せるかどうか試したことがある。眠る前に普通のものより遥かに分厚い透明のテープを眉間に貼り付けた。梱包用の頑丈なもの。精神面つまり因を絶たず、物理的な側面から攻めるという安易な試みだ。朝になって剥がしてみると、テープはでこぼこの岩のようになっていた。眉間の気難しい筋肉と、分厚いテープとの一夜の戦いの産物。私は、手のなかのそれにつくづくと見入った。朝々を岩のようなテープに見入り、やがてそれが習慣になり、もう何も思わなくなったある日、シワがほとんど消えているのに気づいた。

半信半疑で人にたずねたことがある。眠りながら考え事をするかと。いかにもそういう感じの人だったが、即座に「しますよ」という素気ない返事が返ってきた。それも、当然じゃありませんかという表情のオマケ付きで。ついでに疲れるかともたずねたら、今度は手元の仕事から目を離さず、「疲れますよ」と気難しそうなその人は面白くもなさそうに答えた。

テープを貼り付けた結果からすれば、私は確かに眠りながら眉間にシワをよせているようだが、考え事をしているという自覚はないので、その人のきっぱりした答え方には驚いてしまった。

睡眠は人の生涯の三分の一の時間を占める。寿命が九十才の人なら、その生涯の睡眠時間はざっと数えて三十年。何だか取り返しがつかないような、オロオロするような妙な気持ちになる。けれども睡眠は体を休息させるだけでなく、疲れきった脳の修復をもすると聞けば、唖然とする長さもただモッタイナイとばかりは言っていられない。

こうしてのんびりと眠りに思いを巡らす私がいる他方には、一日一日を疲れ果て、ただ泥のように眠る人たちがいるだろう。そして、満足にその時間さえ得られない人々が、この地球上のあちらこちらにいるのだろう。

頭のなかに雨が降る

頭を取りはずして洗濯したい――。

いつだったかハガキ友達がそう言った。それを電話で確かめると、いまもそう思っているという答えが返ってきた。私もたまに似たようなことを考える。生まれ変わりたいとまでは思わないが、余分なものを整理して頭をスッキリさせたい。これは事務能力に欠ける私には夢のような話。それから、こうも思う。何とか新陳代謝が活発になってくれないものかと。人の細胞は二十才を境にして老化が始まるそうなので、たとえ話の上だけのことにしても、専門家に笑われるかもしれない。

過去のある時期、会社へ行くと家を出たまま消えてしまう人たちがいて、蒸発という言葉がその頃のニュースを賑わした。その一人一人の心理を辿っていけば、頭の洗濯の問題に行きつく気がしなくもない。

抽象的な意味での頭の構造は人の数だけあるはずで、想像する前にもう降参と言いたくなる。みんな、さぞ疲れているだろう。そこで登場するのが一日の終わりの頭の洗濯と、その後に訪れる完璧な眠り。すべての人が真新しい朝に目覚められたら、これほど素晴らしいことはない。ただし、手を抜いて水洗いだけで済ませるのも自由。洗濯が面倒だからと怠けるのも自由。多くの人のなかには、疲れた頭にそれはそれでまた愛着をおぼえる人もいるだろうから。

川端康成は小説『山の音』のなかで、頭と体を切り離しての休息ということを主人公に考えさせている。私は反射的にまず頭のほうを思ったが、主人公は体のほうを思った。ふと、川端の感性に素手で触れたような気がしてギョッとした。そして、そうまで驚く自分にも驚いた。

予報ではその夜、台風が近畿地方を掠めることになっていた。様子を見ようと二階の窓を開けたとたん、激しい雨が部屋のなかに降り込み、顔や髪に痛いほど打ちつけた。濡れついでに窓を開けたまま立っていると、頭にこびりついた汚れがまるで洗い流されるようだった。

成田町のハガキ友達もこの雨を見ているだろうか。そう思いながら窓を閉めて机の上の時計を見ると、もう午前零時をまわっていた。

拍手

かつて、プロ野球のある監督率いるチームが敗れた時、理屈には合わないが敗れた側の球団関係者が嬉しそうに拍手をしたという。それは特別席のガラスの向こうでの出来事だろうか。最終的にチームの成績が優秀だったにも関わらず、その監督が解雇に近いような辞め方をしたほど両者の関係は険悪だったらしい。赤ん坊の手を俗にモミジのようなというが、拍手をした人たちの手の指はモミジのように開いていたかもしれない。複雑な思いが伝わってくる話ではある。

拍手にも、いろいろなスタイルがある。何十年も前の下町の映画館では、正義の味方を待ちかねた観客が、街道を馬でひた走る鞍馬天狗を見ながら夢中で拍手をした。そのシーンを撮るため、軽トラックの荷台に作りものの馬の上半身とそれに跨る鞍馬天狗を乗せてカメラで追い、当時の映画人たちは観客に夢を見せた。薄暗闇のなかで画面を食い入るように見つめる観客。その胸の前で打ち合わされた手の指は、やや開き加減ではなかったか。

紳士の拍手は手のひらが少しずれて指は閉じたまま、余裕のある姿勢から独特のリズムで打ち鳴らされる。これは幾つかの洋画から仕入れた。それから、コンサート会場のアンコールを求めて止まない聴衆の拍手。この時の指の形は想像しにくいが、なぜか指はのびているような気がする。そしてついに日本の宴会。へべれけに酔った人たちが歌に合わせて打つ手拍子の指の形は、乱れに乱れてもう滅茶苦茶だ。

拍手から離れたところで、愉快だったり怒ったりしてテーブルを叩く人を見かけるが、この場合の指の形についてとくに感想を持たないのは、手とテーブルの組み合わせによるのだろうか。他に、喜びあまって人の頭を手ではたいたり、髪の毛をクシャクシャにする人もいる。手というのは人間の感情と密接につながり、口や目と同じように物を言うのだろう。

中原中也の詩『悲しき朝』のなかに、〝われかにかくに手を拍く……〟という印象深い一行がある。

情熱

親の胸に抱かれた幼児を想像してみよう。親子はそれぞれに逆を向き、親の肩から幼児の顔がのぞいている。その状態の幼児とたまたま目が合って、私は何度かバツの悪い思いをした。極度にさりげない目で、じっとこちらを見つめるからだろうと思う。そのためかどうか、その状態の彼らについて考える時がある。彼らの目に映る景色は、ゆっくり進んでは止まる路面電車の後ろの窓に私が見る景色と似ているかしらなどと。

その幼児に怖い顔を見せて泣かせるのが趣味だという男性がいた。幼児の愛らしさにじっと見入る人や、それでは気が済まずにあやす人がいるのだから、彼の行為を風変わりな愛情の表現と解釈することもできる。とにかく、場所としては電車のなかや信号待ちの交差点などあるが、そこにとどまる時間や人目を考慮して、いまはプラットホームを選びたい。

目ざす獲物の前にそれとなく立った彼は、神経を集めてちょっと腰をかがめ、日頃から鏡に向かって研究を重ねたものすごい形相をしてみせる。火が付いたように泣きだす幼児と、いっせいに集まる視線。何食わぬ顔の彼は、おそらく虚空《くう》を眺める。しらを切る時、人は俯きはしないだろうから。こうして彼のやった悪戯は、幼児の特性である泣くという行為のなかに紛れてわからなくなる。幼児が可哀想だという点をのぞけば、彼が親の目を盗んでいるところが何ともいえず可笑しい。

そうした奇妙な趣味をもつ彼のなかに、彼自身も気づかない情熱に似た何かが在りはしないだろうか。もしかすると、それは郷愁とも紛らわしい何か。無意識のうちにそれを育んだのは、遠い日に物好きな大人たちから受けた同じ悪戯の数々――。私の想像がそれほど的はずれでないなら、この種の行為はどこの誰ともしれない人々の間に受け継がれていくことになる。ひそかに、そして脈々と世代をまたいで。

彼がその芸当を何人の子にしてみせたかは知らないが、幼児にもそれぞれ個性があるはずだ。火が付いたように泣きだす子がいるなら、素知らぬ顔をする子がいるかもしれない。その反応はまちまちなはずで、笑いだす子の数は少ないにしても、いないとは限らない。もし彼に対抗して世にも怖い顔をしてみせた子がいるなら、これはもうアッパレという他ないだろう。

夜に思えば

大阪のビジネス地区にかかる淀屋橋は、古くて重厚な石造りだ。日暮れ時になると、一日の仕事を終えた人々が薄闇をまとってその橋を渡る。川の両岸に並びたつ明るいビルの窓の連なり。その灯を映してぬめぬめと光る重たげな川面。そして、ビルの陰から唐突に現われて虚空を走り、またビルの陰に消える高速道路。季節と時刻によっては、その高速道路に近々と浮かんでいる丸い月を見る。なぜか古代を思わせる大きな丸い月。それに見惚れて寄りかかる橋の欄干は、冬の陽が落ちた後もほのかに温かい。この都市の絶景は、その時刻に黙々と橋を渡る群衆を抜いては語れないだろう。

ある夜、地下鉄を降りて地上に出るとその橋の上にモダンジャズ・トリオがいた。絶好のタイミングで始まったのは、ディズニー映画「白雪姫」のテーマ。コンクリートの植え込みの縁に腰かけて耳を傾けた。いつ聴いてもこの曲には魅了される。夜空の下で聴く演奏はまた格別だった。

『白雪姫』のテーマといえば、イギリス映画の『ブレーキング・ザ・コード』を思いだす。戦争の時代と数学者である主人公の個人的事情が複雑にからんだ憂鬱なストーリーだが、しっとりと詩情のある作品に仕上がっていた。主人公には実在のモデルがいるようで、彼の名前が付けられた通りも残っているという。ラスト近くに映しだされたベッドで死んでいる主人公と、サイド・テーブルの上の齧りかけのリンゴ。そのシーンに流れたこの曲の美しさは忘れがたい。

淀屋橋から大阪駅までその映画について話しながら歩いた。散歩の終わりによく通る緑豊かな一画はひっそりとして、思わず見上げてしまうほど高いイチョウの木の足元に、歩道を埋めるほどの黄色い葉が落ちていた。あたりの建物の稜線の遥か上には、雲ひとつない紺青の夜空が広がっている。ふと、広大な宇宙を思った。われわれが生きる地球という小さな青い星。その一地点でイチョウの葉を拾い、木々の枝に煌めくイルミネーションに嬉々とする私は、いったい何者なのだろう。

眠りによせて

寝床のなかで読む本は、退屈なくらいがいいと誰かが言った。確かに、先を追わせるものだと気持ちに区切りをつけにくいだろうし、つけられたとしてもスッキリしないという気がする。酒を飲めない私が言うのもおかしいが、何かしら芳醇な寝酒のような本があれば私は嬉しい。

その頃、私は一冊の文庫本を寝床に持ち込み、くる夜もくる夜も、そのなかのひとつの短編を読んでいた。それは、チェーホフの『中二階のある家』。もともと本を丁寧に扱わない悪い癖があるところへ執着の度が過ぎたのか、その本をかなり傷めてしまった。さすがに気が咎めだしたある日、ふと、冒頭十数ページの見開きをコピーしようと思いついた。そしてついでに、目のために百四十パーセントまで拡大した。それは無雑作に扱えただけでなく、筒状に丸めると手のなかにうまく収まり、お守りを持っているような安心感まで得られた。数行読んでは目を閉じて心を遊ばせる。そうして子供が唯一の飴玉を舌の上でころがすように味わい楽しみ、とうとうそのお守りをもボロボロにしてしまった。

映画『マイ・フェア・レディ』のDVDをまわして眠った夜もあった。小さな赤いプレーヤーを枕元に置き、観るのではなく聴く。洒脱で奥深いセリフが散りばめられたこの映画は、ミュージカルとはあまり縁のない私にとって特別だった。何度も観たので一つ一つのシーンが目に焼き付いているが、そのなかでも朝の市場で働く人たちが踊るシーンを楽しみに待った。とくに、口笛に合わせてザクザクと踏み鳴らされる規則正しい靴音が、ふとリズムを変える箇所。そこは、物語は始まったばかりで楽しみはこれからだという気分を誘うところでもあった。その靴音を聞き逃すまいと意識しすぎたのか、却ってその前に呆気なく眠ってしまう夜が多かった。

明け方のテレビで、静かな音楽をバックに車が流れるだけの番組があると母から聞いた。私は想像する。深夜から明け方にかけての数車線の直線道路や、上下の高速道路が美しいカーブをみせて重なるところを。おそらく、音楽はやさしい軽音楽の類。眠れない母は音楽を聴きながらその画面を眺め、懐かしい人たちとその年代の自分を思いだしていたのかもしれない。これを書く私も、その時間を抜けていこうとしている。まもなく、東の空が白みはじめるだろう。

夜明けと日没

ついに昼夜を逆転させてしまった。それで大した支障もないのは、無職の人間がひとりで暮らす悪い一面かもしれない。明け方まで机に向かい、遅くまで寝ていて干渉されないのは、自由なようで寂しいところもある。

夏至の前後だと、そうした夜の果てに美しい夜明けに出会う。ふと、空が白みはじめた気配を感じ、立ち上がって窓を開け、そして東の空に息を呑む。二階の窓から見るさえぎるもののない東の空。堤防を越えた川向こうの空まで見晴らす下町の夜明けはなかなか壮大だ。

夜の底でのみ垣間見られる世界というものもある。そこから放りだされるのは惜しいが、夜明けの空は圧倒的で、ただもう日常に屈服するしかない。その日はめずらしく堤防をそぞろ歩く人たちを見かけた。薄青い空の下をゆったり流れる川と、そこにかかる鉄橋。水辺に葦の生えたまだ静かな河川敷。遠い橋や対岸の建物といった穏やかな風景を彼らは眺めているだろう。遠いさざめきを聞いた後、窓を閉めて眠りについた。

日の出前と日没後の、ほのかに明るい時を薄明と呼ぶらしい。それは明け方に消える外灯と、夕方に点る外灯を連想させる。そういえば、私はまだ都市の明け方の薄明を見たことがない。飲食店の前の道に積まれたゴミ袋の山と、早朝の清掃を一手に担うゴミ収集車。がらんとした数車線の道路や、大小の高層建築の下から見上げた、夜明けの空を映す平らでシャープなガラス窓。一日のうちでもっとも清く引き締まった時間だろうと思う。

ラストシーンに夜明け前をうまく使った映画があった。まだ暗い都市の裏街の交差路。その角にあるベーカリーが目覚めたように明るく点る。物語の終わりを告げるかのように遠のく画面のなか、外灯が丸く照らしだす路地を横ぎって主人公の男女がベーカリーに入っていく。ガラス窓の向こうを横ぎる職人の白い服と、棚に並びはじめるその日一番のパン。その街角から、焼き上がったばかりのパンと幸せの匂いが立ちのぼってくるようだった。

第二部

諸刃の剣《つるぎ》

ある時代のデパートには、骨董品を並べたかなり広い一画があった。低いショーウィンドウのなかをのぞきながら歩いていくと、奥まったところにある大きなショーウィンドウに立派な刀剣類が展示され、営利から離れたようなその場所には、美術館とはまた別の静かで気安い空気が漂っていた。つくづく贅沢な空間だったと思う。

私は鑑賞眼を持たないので刀剣そのものに集中できず、鉄を打つ刀鍛冶や、時代劇で何気なく使われていた〝峰打ち〟という表現の美しさについ気が向いてしまう。困ったことだとは思うが、時には頭が散漫であるのもまた楽しい。骨董にしても道具そのものより、真贋を見極める目のほうに強い興味を抱いたりする。骨董を勉強させるには、とにかく多くの本物を見せるという話を聞いたが、これは骨董に限らずあらゆる分野に通じる話だろう。

日本刀で思い浮かぶのが諸刃の剣。ジョン・バリーの印象的な音楽にはじまる映画『冬のライオン』では、ヘンリー二世役のピーター・オトゥールが見るからに重たげな剣を両手で振りまわしていた。彼はもちろん、王妃エレノアを演じたキャサリン・ヘプバーンが素晴らしく、他に『羊たちの沈黙』や『日の名残り』のアンソニー・ホプキンスが息子の一人として若き日の姿を見せている。

〝諸刃の剣〟を辞書で引くと、一方に有用だが他方に危険とある。薬の作用と副作用に似ていなくもない。厄介な真実を含む言葉だと思う。そういえば、言葉そのものに曖昧で厄介な側面がある。たとえば、〝目から鼻に抜ける〟や〝才気煥発〟という褒め言葉は、その性質にひそむ負の側面を匂わせるし、何かを讃える時に〝鈍いノミ〟という言葉を別の切り口で使ったりする。同じ言葉でも言い方ひとつで印象がガラリと変わり、その言葉を口にする人が違えばまた別のニュアンスになる。他人を評する言葉はまず自分を語ってしまい——というように例を挙げれば切りがない。

何かこう、すべてを貫くような言葉はないものだろうか。おそらく、博識な人なら次から次へと思い浮かぶだろう。詩的であり、哲学的であり、他の一切を思わせないような圧倒的な言葉。少し前、私はこの言葉を目にした。

ひかり万象を呑む——道元

THE UNTOUCHABLES

アメリカの禁酒法時代をテーマにした『THE UNTOUCHABLES』という連続テレビドラマがあった。大筋では、ネス隊長率いるチームのメンバーが秘密の酒場に乗り込み、斧を振りあげてテーブル上のグラスや、棚に並んだ酒瓶を根こそぎ叩き割るという完全な娯楽に徹したドラマだった。その作戦を練る時、少数の部下と小さな丸テーブルを囲むネス隊長が、白いシャツの上にガンベルトを付けたスタイルで葉巻を燻らせていたと思うが、これは私の記憶違いだろうか。

いかなる買収にも応じないと、当時のギャングたちに恐れられたというエリオット・ネス隊長。そのモデルになった実在の人物は、引退後にアルコール中毒になったと雑誌で読んだ。彼が引退した時、禁酒法はどうなっていたのか――。ふとそういうことを考えさせるが、いずれにしても仕事上の使命感と彼個人の飲酒への思いにはまた別のものがあって当然だろう。ドラマでネス隊長を演じた俳優がふっくらした体格で鷹揚な感じだったのに対し、雑誌に掲載されていたモデルになった人物の細面の写真からはとても繊細で実直な印象を受けた。そしてその小さな写真は、もちろんドラマとは無縁な彼の実生活での人には語れない苦労のようなものを想像させた。ちなみに、禁酒法は後に悪法と呼ばれたらしいが、その評価がいつまたひっくり返らないとも限らない。

今は世界的に禁煙の時代だが、そのうち禁煙奨励から完全な禁煙法時代へ移行していくかもしれない。そうなればまたアメリカで、禁煙版『THE UNTOUCHABLES』という連続テレビドラマが生まれるだろうか。私は想像する。ネオンに彩られた大都会の裏街のクリーニング店と、その地下にある隠し部屋を。ハンガーがびっしり吊るされた狭い通路を行き、奥のレジ台の前で仕事をしている店主に合言葉を囁くと、彼の指が机の裏にとり付けられたボタンを押す。音もなくスライドする壁。壁の向こうは少し広めの踊り場で、そこから螺旋階段を下りたところに薄暗くゆったりした部屋がある。

茶色が基調の書斎風にしつらえた部屋。そこでは、静かな音楽を聴きながら正装した人たちが喫煙を楽しんでいる。小さな燻し銀の灰皿を片手に談笑するふたりや、深々とソファに身を沈めてすぼめた唇から煙の輪を吐くひとり。薄暗い上にもうもうと煙がたち込めているにも関わらず、彼らは正体を隠すためか箔をつけるためか、目から鼻にかけての白い仮面を付けている。

奥のカウンターの数人は、酒を飲みながら棚に並んだ品物をうっとり眺めている。闇ルートで仕入れた高級な葉巻と、めずらしい原産地のタバコ。凝った意匠のマッチと時代物のライター。それにカンボジア産のキセル、希少な木材から彫りだしたパイプなど……。そこへ、ガス・マスクを装着したチームのメンバーが巨大なバキューム・クリーナーを担いで乗り込んでくる。

科学技術がどこまで進歩しても変わらないものがある。その一つが買収にも応じない人たちの存在だ。最先端の機器から入手する情報をもとに彼らは作戦を練り、相変わらず少人数で動く。チームを腐敗から守る方法は怪しげな人材を加えないことに尽きるのでその鉄則を守り、体力的にも優れた彼ら自身が重たいバキューム・クリーナーを担ぐことになる。

禁煙版『THE UNTOUCHABLES』が生まれる場合、二代目ネス隊長のモデルになる人物は、引退後にニコチン中毒になるだろうか。もしそうなら、たとえ虚実が混在する話とはいえ、これは皮肉な結末と言うべきだろう。

罠に落ちた女

かつて私には、時の裂け目にでも落ちたような一つの季節があった。それは二十代の後半から数年にわたる期間で、過去や未来、不安や希望といったすべてのものから解き放たれた信じられないような日々だった。そしてそれは奇妙な言い方をすれば、あってはならないような呑気な日々でもあった。

ある初夏の午後、マンションからぶらりと散歩に出た。空気が柔らかく、空は晴れ渡っている。素晴らしい気分だった。町全体が眠っているような静けさのなか、駅から遠ざかるように歩いていくと、閑静な家並みの間に空き地があった。それは、かなり広い。こんな所に空地があったかしらと思った。その片すみに一軒の内科医院がポツンと建っている。うっかりすると見過ごしてしまいそうな平屋のプレハブで、真新しい看板でそれとわかるのだった。私はふと、数日来の胃の痛みを思いだした。かすかな痛みは断続的にやってくる。わざわざ診察を受けるほどの痛みでもなかったが、誰かに打ち明けてみたい誘惑に駆られた。

プレハブのドアを開けると、いきなり沓脱ぎと広い部屋だけがあったように思うが、どう考えても受付は必要だから、沓脱ぎの脇にでもあったのだろう。待合室はなく患者は私一人で、その部屋には中年の医師と看護師の二人だけがいた。彼女の糊のきいた真っ白な制服と、灰色でヨレヨレの医師の白衣。丁寧にまとめ上げた彼女の髪と、クシャクシャに乱れた豊かすぎる医師の髪というように、二人から受ける印象は唖然とするほど対照的だった。

患者用の丸椅子に腰を下ろして時々胃が痛むことを訴えると、すぐに胃カメラで検査だと言われた。驚く間もなく案内されたのは、丸椅子から数メートル離れた革張りのソファ。茫然としたまま私はそこに横たわった。初めて見る黒いホースの先に付いた胃カメラ。それを飲んで何度も戻しそうになる私に医師は大声で叫び続けた。そんなことをすれば画像が見えないと。ハラハラした気配の白い姿が、医師とソファの間を絶えず行ったり来たりする。気の毒な看護師――。どうにか検査は終わり、その場で異常なしと告げられて嬉しかったものの、丸椅子に座った時から医院を出るまでの経緯があまりにも慌しく、とくにソファのことが怪訝で、狐にでもつままれたような後味が残った。

いまになって思えば、ぶらりと散歩に出たあの日の私が、財布のほかに健康保険証を持っていたはずはない。後日に持っていったのだとは思うがそのあたりは霧がかったようで、診察料を支払ったかどうかもまるで記憶にない。

生涯でもっとも呑気だった日々にふさわしく、この内科医院は私のなかでいつか童話のようなものになった。空地は小さな林、プレハブは赤い三角屋根の建物になり、その屋根にはレンガ造りの煙突が立った。そして、私が飲んだ胃カメラの黒いホースを辿っていけば、段ボールで作った機械に行きつく……。

あれから数十年後のいまも、せっせと働くオオカミの医師とやさしいハリネズミの看護師。あってはならないほど呑気に晴れた空の下、とある町のまばらな林のなかの小さな内科医院で。

父のぶきっちょ

父は盆栽を後ろ前に飾り、足を滑らせるのが困難な釣りの足場から川へ落ちるような人だった。私が小学生だったある日曜日、和服姿で散歩に出た父が、ほどけた三尺帯を道に垂らして帰宅したそうだ。私は遊びから戻ってそれを知ったが、きっとまた夢想に耽っていたのだろう。母はつくづく呆れ果てたという顔で、着物の前がはだけかかっていたと話した。

父は釘一本打つにしても、その位置だけでなく、なぜ釘がそういう格好になるかと思わせる打ち方をした。台風にそなえて何枚かの板きれで窓を塞げば、とにかく奇妙な具合に仕上がる。万事がその調子で父は確かに不器用だったが、休日ごとに靴を磨き、帽子にブラシをかけるというような身の周りの物の手入れが得意だった。

晩年の父は階段を上がってすぐの小部屋を好み、二つの窓から朝の光がいっぱいに差すその部屋で、朝刊を読むのが何よりの楽しみだったらしい。ある時、子供のような顔でそれを話したことがある。以来、父の二つの後ろ姿が私の胸に住みついた。胡坐をかいてソフト帽を手入れしていた中年期の後ろ姿と、床に広げた朝刊にかがみ込む、光にまみれた晩年の後ろ姿。

いまの私はその部屋で書き物をし、疲れると堤防に向いた窓の方を見る。窓の外にはクーラーの室外機が三分の一を占める狭いベランダがあり、そのベランダへ出るためのドアが窓の横にある。上半分がガラスになったドアに吊るしてあるのは安っぽいレースのカーテン。父がかけたらしい煤けたカーテンをぼんやり見ているうちに、稚拙な樹木のパターンの連なりが冬の林のように見えてきた。林の上の粗いレース部分には、外の明るい空が透けている。夕方が近づくと小鳥の声が聞こえはじめ、私は見知らぬ国の冬の林を思った。外灯が点ればどうなるかと楽しみに待ったが、自然の光を失ったカーテンは、ただのボロ布に戻ってしまった。

カーテンの奥のドアノブに、防犯用らしい長い木の棒がくくり付けてある。当時の苦心をしのばせるグルグル巻きの凧糸。家のそこここに痕跡を残す不器用な父の仕業なのは明らかだった。どう見ても防犯に役立つとは思えない斜めの棒が、外灯の明かりを背に際立ってきた。不細工なそのシルエット。私はいつかこれを、冬の林にふさわしい何物かに変えてやろう。

極め付き

私は日本の民謡をあまり聴かないが、テレビで偶然耳にして心に沁みたものがある。あれはおそらく、時間を埋めるために制作された数多い映像の一本だろう。哀愁に満ちた唄声が、朝霧のたち込めたまっすぐな杉の林を背景に流れていた。思わず聴き入った。上品な旋律と息の長い唄声は、その後もしばらく耳に残った。その唄声をゆっくり追うような美しいカメラの動きを忘れない。

あの唄は、どこの地方の何という民謡だろう。いまでは声の印象だけになり、もう思いだすこともできない旋律は私の記憶のなかでますます哀愁を帯び、漠とした一つの理想へ昇華していく。

時の経過は苦しみや悲しみを薄れさせる一方、憧れを際限なく膨らませる。もう一度見たい、もう一度聴きたい、もう一度読みたい——。そう思いつめた果てにふたたび巡り合った時、これは違う、こんな筈ではなかったと落胆することも多い。

強い雨風にさらされ、長い時間を潜りぬけてなお色褪せず、それ自身であり続けるもの。新たな光の下《もと》にも静かに人の目を瞠らせるもの。それを人は極め付きと呼ぶのかもしれない。

視野と焦点

テレビをつけると舞台中継を放映していた。その物語のストーリーは知りぬいているのでチャンネルを変えようかと迷ったが、そのまま見るともなく見はじめた。やがて赤穂浪士が吉良邸に討ち入り、いよいよ庭での戦いの場面。右手のほうに池らしきものがあり、小さな赤い太鼓橋が架かっている。舞台全体に散る紙の雪と、そのなかで斬り合う人たち。劇はいつものクライマックスへと向かっていく。

退屈した私の目は、ぼんやりと舞台をさまよい、そのうち舞台の袖にいる端役のひとりに焦点をあて、執拗に彼を追いはじめた。彼は他の端役に交じって動きまわる。それを見失わないよう目を凝らしていると、突然、彼が仰向けに転んだ。見事な転び方だった。どうも紙の雪に足をとられたらしい。そのままピクリとも動かなくなったが、転び方を見ていた私は脳震盪を心配するより、彼がどうするつもりだろうとそちらに気を取られた。しばらくすると、仲間が奮戦する足元で両腕をゆっくり伸ばして一本の棒になった彼は、その形のまま静かに裏返った。彼はついに仰向けの死体から俯せの死体になったのだった。

戦っていた相手役は、斬った覚えのない敵がいきなり目の前から消えて慌てたのではないだろうか。その逆もあり得る。グループ全体がひそかに混乱した可能性も無くはない。私は死んだ彼が万が一にも生き返るところを見逃すまいと見張っていたので、周囲の人たちを見ていなかった。もし混乱した端役グループが親しい仲間なら、彼らが老いたある日、この舞台の話に花が咲いて彼は間違いなく主役になるだろう。


目を悪くしているので数か月ごとに視野検査を受けている。薄明るい円盤の中心を見つめたまま視野のあちらこちらに点滅する大小の光をとらえ、手にしたボタンを瞬時に押す。その検査で中心の一点を見ていられる人と、光を追って目を動かしてしまう人がいて、従妹はキョロキョロするほうだという。彼女が舞台を見ていたら、端役グループの微妙な混乱ぶりを見届けていたかもしれない。

視野検査は緊張して疲れるが、円盤の縁のほうに点滅する小さな光は、子供の頃に見た夕星をいつも思いださせる。

ナマコの夢

宇宙の時間からすれば、われわれが生きる現代の時間は無に等しいのだろう。その無に等しい点と点がつながって連綿と続く歴史もまた、限りなく無に近いのだろう。梅田ガーデンシティにある大きなビルの玄関ホールに置かれた水槽をのぞきながら、そんなことを考えた。年が明けるとこのホールには、小さな花がびっしり並ぶ枝々を飾りつけた空間、ささやかで濃密な春の空間が現われる。

水槽には色鮮やかな熱帯魚が泳いでいた。熱帯の鳥と同じく、いつ見てもその色は自然の驚異そのものだ。海底の珊瑚にはイソギンチャクがひらひらと触手を動かし、ヤドカリの子供が活発に動きまわっている。少しもその場にじっとしていない。人にしても動物にしても、子供はみんな無邪気に遊ぶ。熱帯魚の鮮やかな色に対して、不気味なのはぼってりと珊瑚にへばり付いた暗紫色のヒトデ。ぬめぬめした触感が指に伝わってくるようだった。

呆れたのは墨色のナマコで、直角に折れ曲がったまま水に浮いている。それはまるで小さな棒切れかゴミ屑のようで、水槽に貼られた説明書きがなければ私にはナマコだとわからなかった。そのナマコがただ浮いたまま動かない。生き物にしては不自然な直角の形がいまに変わるのではないかと見ていたがピクリともしない。これは何なのだろう。もはや理解を越えている。グウタラというのでもなし、どう表現すればいいかわからない。ただ、頭というものを取りはずして放り投げ、ナマコのように水に浮かんだらどんな気分かと思った。いや、ナマコは何も考えないだろうから、あんな気分もこんな気分もない。それにしても感情がないとは……。いくら想像を巡らしても見当のつかない世界がある。

荘子の言葉にヒントを得たという映画に『胡蝶の夢』があった。私も考える時がある。この地上で起こっているすべてが夢ではないかと。そう思えば、たとえ一瞬であれ心が安まることも多い。ナマコは相変わらず、ぷらんと水に浮いていた。もしかすると、すべてはあのナマコの見ている夢かもしれない。ナマコを見て愚にもつかないことを考える私をも含めて。

そういえば奴は太古の昔からこの地球上に生息している。

ポーカーフェイス

ポーカーが好きで子供の頃によく遊んだが、大人になってからも機会があれば楽しんだ。いつも本気で勝敗を紙につけ、終わると暗黙の了解のうちに破り捨てた。破るとわかっていながら、形だけでも紙につければスリルが増すのだから人の心理というのは面白い。どのゲームも楽しかったがそれよりも、みんなが飽きはじめた頃に漂った、終わりを予感させる気怠い寂しさが心に残っている。トランプに限らず、外で走りまわる遊びの終わり近くにもこの空気が漂った。遊びというものに常にまとわって離れない寂しさなのだろう。

ポーカーといえばポーカーフェイス。本物の賭博の現場を見たことはないが、途方もない大金が賭けられた時、ポーカーフェイスどころではなく心理学、演劇、哲学などを総動員して各々が表情を創ったりしないのだろうか。とくに専門の知識がなくても、すべての人にその下地がある。創りだされた表情の裏の裏のそのまた裏は……などと読み合う光景を想像すれば面白いが、これは喜劇映画のなかにでも閉じ込めておくほうがよさそうだ。本物の賭博現場というのは意外に淡々としているのかもしれない。その裏で湯水のように掛け金をすっていく人を想像すれば、淡々とした空気もそれはそれで怖い。ふと、船上でのカードゲームを描いたジェームズ・ジョイスの短編『レースのあとで』を思いだした。そして、ドストエフスキーの『賭博者』。いつかまた、ゆっくり読み直したい。

中学に上がった頃、無表情に憧れたあげく日常の場で挑戦したことがある。淡い心でいたいというのが唯一の願いで、ポーカーフェイスとはまた違うが、何しろ十二、三の子供なので深く考えてはいなかった。すがすがしい朝の道を行きながら昨日の失敗を思い、今日こそは空気のような人間になるのだと決意も新たにプラットホームに立ち、無念無想で電車に乗ったものだった。心静かに電車を乗りつぎ、この調子ならいけると思ったが、いつも校門を入って五分とたたないうちに表情は崩れた。

私はいまでも、時々ひそかに試しては失敗している。そして考える。私と似たような挑戦をして成功し、そのまま無表情で押し通している人がこの世の何処かにいるのではないかと。

それにしても、自分を変えるというのは本当に難しい。

消印

その頃、私は従妹とハガキのやりとりをして遊んでいた。大変な日常のなかでの気晴らしなので〈返事の義務は一切なし〉というルールを徹底して守り、ふたりは好き勝手なことを書いて出し合った。当初は一枚の往復だったものが面白くなってナンバー付きの数枚に増え、多い時には七、八枚にもなった。暗黙の了解からか、互いの日常の悩みをあえてハガキに持ち込まなかったことを思えば、哀しい側面がなかったとは言えない。それでも、その遊びがあったからこそ私は辛い時期をやり過ごせた。彼女もそうであったとすれば嬉しい。何事にも始めと終わりがあるように、ふたりの抱える問題が消えた頃、その遊びにも終わりが来た。

ハガキの往復が盛んだったある日、ナンバー①の抜けた②から⑥までが届いた。抜けていた①は翌日に届いたが、切手にかけて押されているはずの消印がない。面白い事もあるものだと眺めているうちに、小説投稿にまつわるひそかな騒動を思いだした。

一度目は二千万という破格の賞金狙いで、原稿用紙三百枚の作品を応募したが、言わば問題外だった。宝くじの当選に賭けたのと大差はなかったが、人並みの体力を持たず、経済的に追いつめられた者がとりあえず思いついた唯一の方法だった。

後日、二度目の応募に挑戦したが、前の原稿に手を入れたかどうかは忘れた。〝三十三字詰めのワード原稿〟というのが応募要項にあった条件の一つで、奇妙な字詰めだと感じたのを憶えている。締め切りが迫っていたのでパソコンの前に座り続け、もとの四十字詰めの原稿を三十三字詰めに直した。字詰めは簡単に変えられたのだろうが、私はその方法を知らなかった。

応募先を選ぶ決め手になったのは、その社の応募要項のなかの〝とにかく面白いもの〟という一言だった。それは他の文章に比べて数ポイント大きく、ポスターでいえばキャッチコピーのように目立った。私は何かの啓示を受けたようにその一言に飛び付いた。おそらくは多くの人々と同じように。あの頃の私には、面白さについての概念が人によって大きく違うことを考える余裕さえなかった。

過去の行動について考えてみる時、どうにも説明のつかない事がある。これもその一つで、当時、得体の知れない不安に悩まされていた私は、原稿を送るために知らない町のコンビニまで出かけた。ＪＲ西日本の甲南山手かその前後の駅前の店だった。

店内に客がいなかったこともあり、手続き時の光景をありありと憶えている。店の女性は、先方に届く日を心配する私につきあって細かい点まで確認してくれた。私が店に原稿を持ち込んだその日は二月二十六日。彼女から受け取った控えの用紙に、二月二十六日受け付けの消印がある。配達予定日は翌二十七日。その二十七日は日曜日だと二人で話し合った。二十八日の月曜日が締め切りなら、その日の朝に届くので大丈夫だと彼女が微笑み、私は胸を撫で下ろした。

ところが、後日送られてきた〈お届け通知〉のハガキには三月一日、つまり締め切り日の翌日に届いたと記載されている。これは当選、落選以前の問題だ。さっそくさる郵便局に電話を入れた。私にしては呆れるほどの行動力だった。これで電話の一本もかけなければ、片手で枝からぶら下がったナマケモノという名前の猿と変わらない。

私は、疑問の形で淡々と要点だけを伝えた。電話を受けた女性はその疑問に触れず、「どうも申し訳ありません」と気楽に言った。一瞬の空白。言葉の続く気配がない。私は奇妙なショックを受け、「申し訳ないでは済みません」と返した。理性を保とうとするあまり、いわゆるドスが効いてしまったようだった。恐れをなしたらしい女性が急にオロオロして「賞味期限のことですからねえ……」と口走り、私たちはいったん電話を切った。二十分ほど後に上司らしい男性から電話をもらったが、その声は私を不安にさせるほど震えていた。二十分間を勘繰りたくなるような震え方だった。私はもう早く切り上げようと思った。それを察知したのか彼がたずねた。「出版社のほうに届いているか確かめてみましょうか」と。締め切りの翌日に届いたという通知のハガキが私の手にあり、私はその単純明快な事実だけを話している。私のなかの何かが切れた。「そこまでして頂かなくて結構です」と静かな口調で言うと「ああ……、そうですか」という声とともに椅子にでも倒れ込むような安堵感が伝わってきた。

そのひそかな騒動をふり返ってみると、六畳間の隅の固定電話の前には命がかかった哀れな女ではなく、郵便局の男女を震えあがらせたゴロツキのような女が座っている。その後、長く尾を引いた消印にまつわる記憶もずいぶん薄れたが、ふと、この言葉の成り立ちを知りたいと思うことがある。

ところで、従妹からの当時のハガキをざっと数えてみると、優に三百通は越えていた。中身を拾い読みながらふと表を返すと、切手にかけて無雑作に押された短い旅のしるしの消印があった。

癖

中学一年の国語の先生はボーイッシュに髪を刈り上げ、タイトスカートをはき、小柄でずんぐりした体を左右に揺らして歩く人だった。とにかくその授業は魅力に溢れ、いつも夢中で聞き入ったものだった。夢中になると頬杖をつく癖がある。ある日、私の名字が呼ばれたのでハッとすると、続いて「頬杖をつくな！」という野太い声が飛んできた。その時は慌てて姿勢を正すが、日が変わって夢中になると頬杖をつく。するとまた、野太い声が飛んでくる。何度かこれをくり返すうちに、教室では頬杖をつかなくなった。

別の日には「足を組むな！」という声も飛んできた。大きな雷を落とした後、先生はすぐまた授業に戻るのだったが、それはものすごい早業《はやわざ》だった。私は慌てて足をほどき、雷のショックを感じる間もなくまた授業に引き込まれた。先生は魅力ある授業の達人だった上に、まるで朗読の一部のように怒声をはさむ名人でもあった。

二十代になると腕組みをするようになった。気がつけば、もう組んでいる。きっと気難しい顔をしていたのだろう。当時の職場にやはり腕を組む先輩の女性がいて、十人ほどが仕事をする狭い部屋だったから、ふたりは腕を組んだまますれ違っていたかもしれない。男女を問わず、腕組みをした人間がすれ違う場面を想像すれば可笑しいが、ある時、女が腕を組むのはよくないとその人から注意を受けた。反省したらしい彼女と違い、私の癖は直らなかった。それから長い年月が流れて腕を組む癖だけは直ったつもりでいたが、最近になってまた顔を出しはじめた。私は思うことがある。若い頃には直った彼女の癖もまた何処かで顔を出しているのではないかと……。

中学の教室では、さすがに腕は組まなかった。もし組んでいれば雷ぐらいでは済まなかったはずだ。この先生に教科書の平家物語の冒頭を暗唱させられたが、他の事は忘れてもあれだけは忘れない。それがどれほど意味のあることだったか身に沁みて感じる年齢になった。怒鳴られても誉められたことは一度もなかったが、今も忘れがたい人である。

祇園精舎の鐘の聲　諸行無常の響あり
娑羅雙樹の花の色　盛者必衰のことはりをあらはす
おごれる人も久しからず　只春の夜の夢のごとし

天使の羽根

午後も遅くなってから空が急に暗くなった。もうすぐ雨が来るのだと台所に座っていると、遠い雷鳴が聞こえた。それは微妙な間隔を置きながら近づいてくる。やがて突然、すぐ真上で空を裂くような音が響いた。

私が服用している薬の副作用で光と音にまつわるものがある。たとえば入院中にはトイレの流水音がセロファンをクシャクシャと丸める音に聞こえたり、病院の廊下に置いてあるテレビの画面を三秒と見ていられない時期があった。当時の実感からすれば、目と耳というより脳神経のためだという気がする。その私が、同時期に平気で激しい風雨の音を聞き、気持ちよく陽盛りの道を歩いたのは、自然のものと人工的なそれとの決定的な違いを表す一例かと思う。

退院後、別の副作用への対応のために薬の量を少しずつ減らし、数年の間にかなり改善はしたが、三十ワットの裸の蛍光灯が視野に入るとつらい。テレビはいまの私にとって複雑な存在で、目のためには見ないほうがよかったり、目に多少の負担をかけても昼間の一時間ほどなら好きな番組を見るほうが精神の安定につながったりと、その日の気分や体調によって違う。いずれにしても確実に悪くなっている私の目が、近年ますます刺激の増しつつあるテレビの画面に耐えられなくなるのは時間の問題だろう。ニュースを聞くために、またラジオへ戻っていくのも悪くないかもしれない。

雷鳴はいつか止み、激しい雨がそれに代わっていた。われわれが地上で稲光を見る時、宇宙飛行士は放電によって起こる光を雲の上に見るらしく、誰が名付けたかそれを天使の羽根と呼ぶそうだ。

霊園

家の墓は、上本町の小さな寺にあった。陽の下にカーンと静まった長い塀沿いの道を歩くこの情景は、おそらく小学校に上がる前の記憶だろう。

墓参りが済むと、寺の玄関の式台に腰を下ろして冷たい麦茶を頂いた。薄暗い土間のひんやりした空気、式台より一段高いところから右へ伸びる磨きぬかれた廊下、そしてその曲がり角に床と接して直角にくり抜かれた二面の窓が記憶に鮮やかだ。窓は庭の緑を切りとり、そこから夏の光が差し込んでいた。

それから十年ほどした頃、その寺が潰れてしまった。両親が訪ねた時には、墓石がすべて倒れ、手も付けられない状態になっていたらしい。お骨が無くなったとか、夜逃げとか物騒な会話を聞いたが、遠い夏の記憶は損なわれなかった。

その後、墓は上本町から仁川へ移された。武庫川沿いにある広い霊園はいかにも現代風で、石を積み上げた和式と、地に埋め込んだ洋式の区域に分かれている。母が倒れる少し前、初めて二人だけで訪ねた。家の墓に参った後、話に聞く知人の墓をさがして洋式の区域を歩いたが、平日の霊園はよけいに広々として見えた。

仁川の霊園へはＪＲの甲子園口駅前からタクシーに乗り、武庫川の堤防の上に出る。美しく整備された広い河川敷を右に見てしばらく走った後、車はいったん町へ下り、そこからまた堤防に戻って地続きの霊園に向かうのだった。そろそろ霊園の門が見えてくるある地点にさしかかると、私は決まって左手の木立ちに見え隠れするコンクリートの建物を意識した。四、五階建ての簡素で古ぼけたマンションがなぜか気になり、木立ち越しに確かめるのが数十年来の習慣のようになっていた。

その日も無意識に顔を向けると、その建物には無かったはずの〝老人ホーム〟の文字が目についた。マンションが老人ホームに変わったのだろう。私は思わず木立ちの向こうに老人ホームがあったと母に話した。すると母が待っていたとでもいうように、自分が死んだらその老人ホームへ入れと勧めた。まんざら冗談でもなさそうな口調に、その老人ホームへ入って毎日墓に参るのかと聞き返したら、図星だったのか、母は弾けるように晴れ晴れと笑った。私はその横顔に見入りながら、母はこんなふうに笑う人だったのかと思った。

威風堂堂

私が通っていた高校はスポーツが盛んで、ひとりの有望な水泳選手がいた。オリンピック出場が決まった時、噂に聞くそのN君を級友に教えてもらったが、立派な体格と滅多に見ないような温和な風貌に驚いた。その頃はまだ、高校生でオリンピックに出場する選手は少なかったと思う。

ある日の放課後、このN君を先頭にして廊下を歩く水泳部の小グループに出会った。みんな揃いのトレーナーを着て、ゴム草履をはいている。N君がやや前に出た一つの塊。その形を保ったまま彼らはまっすぐ前を向き、決してよそ見をしない。N君が前を歩くというよりは、数人がN君に前を歩かせているような印象を受けた。彼らがゴム草履を床に鳴らして歩くところは、まさに威風あたりを払うという感じで、もし、そういう彼らに反感を抱く生徒がいたとしても、丸い眼鏡のN君は一瞬でそれを宥めてしまうような温和な風貌をしていた。

エルガーに『威風堂堂』という行進曲がある。勇ましくリズムを刻んでいるところから一転、ゆったりとした旋律の流れはじめる瞬間がたまらなく好きで、そこにくると私は想像したものだった、馬に跨って凱旋する物語のなかの騎士たちのことを。両手で手綱をひく者、腕を負傷して片手でひく者、かろうじて体を立てている者と馬上の姿はまちまちだ。私は、いや、ぼくは好みによって片手でひこう。先頭を行くのは、憧れの的である勇猛果敢な大将。大将ともなると多少ゴツイ感じがするので、ぼくは三番手あたりにつけたい。

沿道は、先頭の大将を一目見ようと押し寄せた街の人々で犇めいている。大人に抱き上げられて首を伸ばす子供や、胸の前に手を合わせて溜息をつく女性たち。その喧騒から少し離れた建物の柱の陰にひとりの貴婦人が佇んでいる。近くに馬車を待たせ、周りに溶け込むような色合いのドレスに身を包んだ貴婦人。黒いベールの奥から馬上のぼくをじっと見つめるその人の目の奥には、熱い心と真の知性を表すように青い炎が揺れ……。

ぼくには、いや、私にはどうしようもない夢想家の一面があり、この行進曲を聴くとそれが頭をもたげる。そしてまた、遠い日の放課後の廊下を練り歩いていた彼ら、N君を先頭にした誇り高い彼らを決まっていつも思いだす。

灯火

路面電車の後ろに立ってポールを握りしめ、遠ざかる夜景を食い入るように見つめるひとりの少年がいた。その視線の先には、鈍く光りながら蛇行する二本のレールや暗く沈んだ建物、街のネオンや空がある。少年はそのまま長く動かなかった。彼は目に映るものの向こうに何を見ているのだろう。ひたむきな横顔は、私にそんなことを考えさせた。

幼い頃、いつも電車の窓にしがみついて外の景色を見ていた。膝立ちをする私の靴を脱がせて自分の方へ引き寄せながら、隣の人に謝っていたある日の母の声を憶えている。あの頃の昼間の電車が込んでいたとは思えないので、あれは日曜日の出来事だろうか。大阪駅まではわずか四分。その短い時間に靴を脱がせてまた履かせるのは忙しすぎたのか、母はついにその姿勢を禁じた。

そうまでして見ていた昼間の景色より、数少ないはずの夜の景色ばかりが記憶にある。景色というよりは沿線の灯で、闇に走り去るそれを見ていると得体の知れない寂しさで胸が締めつけられた。昇降ドアの窓のそばに立っていたので、これは膝立ちの季節より数年後の記憶だろう。

大人、それもずっと後年になって思わず胸を突かれた灯がある。灯というより灯の集合体と言うべきだろうか。それは低い家並みのなかに立つ大きな立体駐車場で、昼間は目立たず見過ごしがちなその建物が夜にはガラリと様相を変え、奇妙な明るさで闇に浮かび上がった。走る電車の窓から見下ろす四方に壁のないコンクリートの建物内の、これもまたコンクリートの床と柱、そこに駐車する車の列また列。そして天井にずらりと並ぶ裸の蛍光灯。その殺伐とした灯の照らしだす妙に平らな各階が、夜のなかに層を成しているように見えるのだった。

この心の乾いた部分に触れてくる灯と、道に見る家々の親しい窓の灯。二つは違うようでいながら、一つのものに通じていると思えてならない。未知と既知が交錯するようなその世界を思う時、怖いような懐かしいような折り合いのつかない思いが私の胸を掠める。

境界

梅田ガーデンシティには、独得の空気が漂っている。箱庭のようなその街には劇場やホテル、新聞社やオフィスビルなどが混在し、長距離バスの小さな発着場もあるが、なぜかいつも閑散としていた。オフィス街でも繁華街でもない上に、その街を通り抜ける人が少ないという位置的条件もあるだろうか。

街のなかほどに小高く造成された所があり、ゆるやかなスロープの上の大きなビルの前に洋風の屋台がテーブルと椅子を並べていた。そのカフェの椅子から街路樹越しに眺める風景は、視点が少し高いので地上とはまた別の味わいがある。車道の向こうに並びたつ建物とその上の広い空を見ていると、初夏の夕方にはそこから動きたくなくなるほどで、薄闇が下りるまで夕空の変化を楽しんだものだった。

カフェからスロープを下りていくと、そこはもうガーデンシティのはずれで、街角には立派なホテルが建っている。一度、ウェディングドレスを着た花嫁が裾をからげて走る様子をカフェの椅子で目撃した。クリスマスの季節になると、このホテルの玄関や庭の木々にイルミネーションが点る。静かなガーデンシティの夜にびっしりと点る金の微粒のイルミネーション、その豪奢な雰囲気は言いようもない。
ホテルから太い道路を渡るとそこは隣町で、その境界の宙を横ぎる高速道路の下に、埋め立てられた川の小さな橋だけが残っている。『でいりばし』――。土の上に置かれた玩具のような橋の右から左へ書かれた横長のプレートはそれだけで時代を偲ばせるが、銅製のそれには緑青がふき、無数の罅《ひび》が走っていた。人目に立たない石の橋は、現代的な都市と昔ながらの隣町をつなぐ秘密の通路のようだ。

隣町の表通りを一本入った裏道には、同じ造りの灰色の雑居ビルが並んでいた。過去のある年代を思わせる扉のないビルの入口から、殺風景なコンクリートの階段が見える。ビルの前の埃っぽい土の道には送電線が束になって撓《たわ》み、大きく風に揺れていた。私はその下に立ち、まっすぐに伸びる道の彼方を眺めた。遅い午後の光にまみれた遠い町並みは完全に静止して、古い時代の写真のようだった。晴れた一日、絶好の時刻、踏み込んでも退《ひ》いてもならない地点。そういうものがあるなら、私はその日、偶然の手に導かれて限りなくそれに近い場所に立ったような気がする。

なずな

なずなが一面に生えている場所を見つけた。それは、とある小さな公園の片すみ。土から頭を出した数センチのなずな、その一本一本がすっくと立っている。茫然と眺めた。傾く西陽を浴びたまっすぐな草のなんと美しいことか。

一本を摘んで見入った。思わず頬がゆるみそうな、ぺんぺんと呼ばれる三味線のバチに似た三角の実。それを一杯につけた愛らしい草が、人目につかない公園の片すみに群生している。数本を摘んでノートに挟んだ。もっと摘んでも全体の佇まいは崩れないだろう。

なずなは、やがてノートから本に移される。挟みすぎて膨らんだボードレールの散文詩『パリの憂鬱』。深夜にこの本を開くと、いろいろな押し葉が現れる。黄や赤に色づいた落葉や、線路際のフェンスに絡まっていた枯れた蔓草、そして、どこにでも見かける数種の野草……。言いようのない香りを連れ、まるであたりの空気を揺らすように。

なずな

翻訳

父が兄のために揃えた『世界少年少女文学全集』を読み終え、本格的に海外の本に親しみだしたのは中学へ上がった頃だった。プラットホームで電車を待ちながら、車内に立って揺られながら夢中で読んだ。とにかく面白かった。時代や国を意識して選んだ覚えはないが、十九世紀頃のヨーロッパの本が多かったと思う。一冊一冊を選ぶうちに自然と絞られたのだろう。それはまさに乱読と言うしかなく、気がつけばその結果生まれた混沌とした世界を故郷のように感じる自分がいた。その混沌とした世界はもちろん実在しないが観念的というのでもなく、私にとっては奇妙に堅固な世界だった。私は日本の風土のなかで日本の両親に育てられたが、精神形成の過程にはヨーロッパが色濃く影を落としているかもしれない。

これさえあれば何も要らない——そうまで思った本が、四十代を境にパタリと読めなくなった。突発的に読める時間が訪れても、それはすぐに終わった。どうしても諦めきれず、本を開いては閉じるという日々のうちに年月が流れた。それは、ただただ目の前の現実と向き合うだけのつらい日々だったが、いまになって思えば必要な時間だったのだろうと思う。

あまりにも身近でありすぎて意識さえしない存在。私にとっては翻訳がそれだった。翻訳なしに私の読書生活はあり得なかったとも言える。後年になってはっきりそれを意識した時は愕然とした。語学力や文章力を最低の条件として、豊かな知識や感性、そして想像力を欠かせないだろう翻訳というもの。その力量が原作の価値を左右しかねない危うい仕事をする人たちにも私は育てられたのだった。

いまは亡き、優れた翻訳家の人たちに心からの感謝を捧げたい。

壁面の昼と夜

四つ辻の古ぼけた運送会社には、道に面した二つの壁があった。

一つは事務所の窓が並んだごくありふれた壁。もう一つは人通りの少ない道に面した倉庫側の壁で、私はそれに惹かれた。愛着に近いかもしれない。倉庫側の壁には、モルタルで塗りつぶされた数列の配管が、美しい平行を見せながら縦に走っている。それはまるで、幾何学的な地模様のようだ。いつかの冬の一日、道からその配管へ向かう送電線の片すみに、ピタリと身を寄せ合った四つの毛玉のような雀を見た。

その壁の上の方には、正方形の明かり取りの小窓が一つある。下には吹き抜けになった倉庫の大きなシャッター。壁というより壁面と呼びたくなるのは、そこに窓らしい窓が無いからだろう。ひっそりとした午後、滅多に通らない壁面の下の道を行く時、いつか通った港への道に見た何棟もの倉庫や、しだいに色合いが変わっていくようなあたりの風景を思いだしたものだった。

倉庫の口から、時には玩具のようなフォークリフトが現われた。段ボール箱を持ち上げてクルリとその場で回転し、それを掲げて前進する動きが幼児やカラクリ人形を連想させて愛らしい。運転する人を忘れてフォークリフトの動きに気をとられるのは、機械があまりにも小さいからだろう。風の日に、誰もいない四つ辻で忙しげに動きまわるフォークリフトはどこか健気にさえ見えた。

ある日、夜にはただ暗いはずの壁面の一つの窓がほのかに点っているのを見つけた。なぜ、それまで気づかなかったのだろう。そういう自分を悔しいとまで思った。数年の間に明かり取りの小窓をすっかり忘れた私は、その窓の向こうに仕事をする人がいるとまで思い込んだ。それからは、時々その窓を見るだけで心が温かくなった。深夜を過ぎ、闇が深くなっても点り続ける窓。幾つもの孤独な夜を分かち合った親しい窓――。

別の夜、その窓をまったく偶然に違う角度から見た私は、夜ごと窓に点っていたオレンジ色の明かりが外灯の反映であることに気づいた。数年をかけて陥った錯覚。昼の目と夜の目がもたらした錯覚。こうして私の寂しい心が育んだ幻影は、ほんの一瞬でかき消えてしまった。

心頭滅却すれば

爪でも切ろうかと思った。爪切りを取りに階下へ行き、のんびりと階段を上がって窓辺に佇んだ。近々と走る送電線や眼下に広がる変電所跡地、そしてその向こうの道路と堤防。晴れた空の下にいつもの風景がある。ああ、何という穏やかさ。そう思ったとたん、胸の前に持っていた爪切りが手からすべって素足の小指を直撃した。痛い。気が弛んでいたので余計に痛い。けれども、なぜか大声は出ない。「あっ」と呟いてその場に直立したまま悶えた。どうしようもなく痛いが命に関わらないことを知っている。おまけに誰も見ていない。その状況が微妙な心理を生んだと思われる。そうでなければ、あの体の捩《よじ》り方はおかしい。

不注意から何かの角にぶつけるのは足の小指が多い。もちろん外側に付いているからだろうが、他にも理由があるのかと思わせるほど奇妙な形で、無骨な足指のなかでも飛び抜けている。何ともいえず可哀想な感じで、それだけでも災難に遭いやすいのかもしれない。その爪になると呆れるほどの形で、立て膝の上にアゴを乗せたまま、これは何なのかとつくづく見入ってしまう。

痛みがおさまって一息つくと、〝心頭滅却すれば火もまた涼し〟という言葉が脳裏を掠めた。辞書で確かめると、〝心頭、火を滅却すれば、また涼し〟の誤読らしい。この場合は単なる誤読だが、多くの言葉のなかには聞き間違いだったり、聞き間違えたうえにそれが訛ったものまであるという。どちらも興味深いが、辞書の面白さはとにかくとして〝心頭……〟は、雑念や妄念がつねに頭を駆けめぐる私には縁遠い境地だ。

もし修行を積んだ人が爪切りに足の小指を直撃されたら、塵でも扱うようにそれを拾い、そのまま端然と廊下を歩き去るだろうか。それとも、少し先の廊下を曲がった物陰に座り込み、片足を抱えてひそかに唸り声を上げるだろうか。あまりの痛さのため、片足でその辺を跳びまわらないとも限らない。

「喝」という叱声がある。とくに信仰心があつくなくても、自分が放つ「喝」の叱声を胸のうちに聞く人も多いだろう。

ささくれ

不充分な食事が続いた後、外出先でたまに食事らしい食事をするとシャックリが出るようになった。末端の舌から脳に伝わって驚き、結果として横隔膜をケイレンさせるのだろうが、食事らしいとはいってもサラリーマンの昼食程度なので、もしそれで本当に驚くのだとすれば、自分でも恥ずかしいのか可哀想なのかわからない複雑な気持ちになる。

昔、シャックリを百回すれば死ぬという噂が下町の子供たちの間に流れた。噂が流れるほどだから子供たちは頻繁にシャックリをしたのかもしれない。古代の人々が雷や日食を恐れたように、シャックリという奇妙な現象を子供たちが恐れたとしてもおかしくはない。よくあるように、大人が口にした脅し半分の冗談が噂の元になったということもあり得る。私も、シャックリが続くと心底から怯えた。呼吸を我慢すれば止まるのを今では知っているが、当時はどうしていたのかと思うことがある。百まで数えて噂の真偽を確かめた覚えはないし、数えるのを放棄して死ぬなら死ねと開き直った覚えもない。おそらく、途中で止まったのだろう。

その頃、太い青洟を垂らしている子供を見かけたが、それほど珍しい光景ではなかった。シャックリのほうはハッキリしないが、水洟よりもコシのある青洟は栄養不足が原因だと聞いたことがある。洟が長く垂れて落ちそうになると、彼らは絶妙のタイミングで啜り上げるのだったが、それを汚いとは周りの誰も思わないような時代だった。


栄養不足についての現在の私の目安の一つは爪の生え際にできる小さな〝ささくれ〟で、極端に偏った食生活を続けていると決まって数本の指にひっそり現われる。指先に送られてくるこの地味なサインは、言葉の響きからしてどこか寂しい。そしてその寂しい音は、悪戯っ子を意味する方言の〝ごんたくれ〟や、映画のタイトルにもなった〝あらくれ〟を連想させ、また別の世界へ私を誘う。

これが〝ささくれ〟でなく〝さかむけ〟なら、私は何も思わないだろうに。

喫茶・リラ

喫茶・リラは、梅田のビルの地下にある八番街という小さな飲食街の奥にあった。ほとんどの客がビルに勤める人らしく、昼の書き入れ時をはずれたリラは閑散として、なかば忘れられたような時間が流れていた。客がいないのではなく、小さな声で話すふたりや、ひとりで新聞を読む人はいる。その雰囲気に惹かれて通りがかりによく立ち寄ったものだった。

地下の奥まった場所が持つ隠れたような、それでいて決して狭くはないガランとした空間、そして気にならない音楽というように、リラには私にとって快適な条件が揃っていた。その上、一面の大きなガラスの向こうに静かな細い地下通路があるので、奥まった場所にありがちな閉塞感もなく、忘れた頃に人がそこを通った。

私がとくに惹かれた時間帯は閉店の八時に向かう数十分で、他ではちょっと味わえないような空気が漂った。数えるほどの客が一人、また一人と立ち去るごとに熟れていく安らぎ。午後八時という早めの閉店時刻に関わりのある安らぎは、店の厨房からだけでなく、地上部分にある大きなビルから流れてくるものだったかもしれない。それを味わうためにわざわざ居残って最後の客になったこともあった。

このリラで風変わりなウェイトレスに出会ったことがある。二十才の時だった。私と同年代の彼女はムッツリした顔で近づいてくると、注文を聞くかわりに黙って水入りのグラスをテーブルに投げだした。近くの客がふり向くほどの音はしたが一滴の水もこぼれない。それどころか、水面がほとんど揺れていないのだった。斜め上から投げだす角度が絶妙で、わずかに滑ったことが緩衝の役割りを果たした。ここまでくれば、もう一種の技だ。人生に対する彼女の憤懣が結集したような、そして、一朝一夕に成るはずのない技――。

それから数週間後に立ち寄った時、その姿はリラから消えていた。どこか地上にある他の職場へ移っていったのだろう。その頃の私の暗い日々と重なるようにして、彼女のことはいつまでも胸の片すみに残った。

私が二十才の頃、すでにそこにあった八番街。もう長く足を向けていないが、いまはどうなっているだろう。

胆力

ひとりの青年が、前後不覚に酔ってプラットホームから線路に落ちた人を助けたという話を聞いた。

列車がすぐそこまで迫っていたので彼はとっさに線路へ飛び降り、その人を脇へ転がして、彼自身は二本のレールの間に伏せたという。その上を列車が通過した。まさに間一髪。これは他の人が真似をする事ではないし、また、できる事でもない。意識がほどんど介在しないところで迸《ほとばし》った、その人の奥の奥に潜む力だと思う。

この話を聞いた時、私はただ唖然とした。感想をいっさい持てないまま、生半可な知性など及ばない領域を垣間見たような気がした。豪胆な感じからほど遠い青年はインタビューにも照れ、知人の言葉を借りればマイクの前で身をくねらせていたそうだ。その出来事からインタビューまでの慌しい時の推移のなかで、彼は普段の彼に戻っていったのだろう。

彼は、まだ学生だろうか。それとも社会人だろうか。彼が将来、何を成しとげる人になるのか、私には見当もつかない。私は考える。もしかすると、その生涯を市井の人として終えるかもしれない彼のなかに潜んでいた力について。人間の善良さから瞬間的に迸ったと思われる信じがたい力について。

発明

その昔、ステッキと携帯用の椅子を合体させたような商品が売りだされた。テレビコマーシャルで見た感じからざっと説明すると、はてなマークの形をした持ち手の下の金属棒のなかほどに円盤状の座が縦に付いていて、脚の部分を開くと座が水平になる仕掛けだった。あちらこちらに展示されていたのだろうが、私はデパートの婦人服売り場のマネキンのそばに置いてあるのを一度だけ見かけた。見えるか見えないかの奥ゆかしい位置が妙に可笑しく、その後もこの商品について考えたものだった。

まず重量について。どれほど軽い金属を使ったとしても三本の足に座の重さが加わるので、それなりのものがあったと思われる。嵩についても持ち手一本にまとまっているとはいえ、ビニール傘に換算すると優に三本分はあったのではないか。それを持ち歩くには体力がいるはずで、そもそも、それを持ち歩けるような人にステッキや携帯用の椅子が必要だろうか。そして、椅子の足元にはより水平な地面が欠かせない……。散々に文句を並べたが、どこか剽軽なこの商品を思いだすと笑いが込み上げてくる。一つでも売れたのかと本気で心配させる発明に、血や汗の匂いは似合わない。もちろん、それで一財産失ったというような悲劇の要素も。この発明は、ユーモラスな資産家の道楽だったと思っておこう。

母方の祖父は発明に凝った人のようで、その血を受け継いだのか兄も本業のかたわら図面を引いていたらしい。母はアイデアに富んだ人だったが、根気と綿密さに欠けていたような気がする。私はといえば、何もしないグウタラだった。私の家系には、モノにならない発明家とグウタラの血が流れているのかもしれない。

あれは、心斎橋筋にまだちょっとした雰囲気が残っていた時代だった。仕事の昼休みにその通りを歩いている時、デパートのそばに座っている易者と目が合って手招かれたことがある。普段なら軽く会釈して過ぎるところを、彼が暇そうだったのでついフラフラと通りを横ぎってまで寄っていった。

長い白髭をたくわえた初老の易者は、「ちょっと手を見せてごらん」と言って私の手相を見るなり、心底から呆れたという顔で口走った。こんな取り柄のない手相を見たのは初めてだと。私にしても、そんな失礼な易者に会ったのは初めてだった。私は思った。私の手相が易学的に最悪だということは素人なりに知っている。客がどういう手相をしていても、せめて三割ほどの希望を残して勇気づけてやるのが易者の腕前ではないかと。大切な昼休みが台無しだ、ほんとうに気が腐る——そう感じる一方で、妙に納得させられるものもあった。彼は七つ道具の一つであるらしい毛筆と半紙をとりだしてサラサラと私の姓名を書いた後、それを川へ流すように言い含め、絶対に流すように念を押した。見料は、当時の私のサラリーのほぼ十五パーセント。驚いて財布をのぞくと、その半分とちょっとしか入っていない。頭のなかで昼食代その他を差し引いて事実を告げると、彼は嬉しそうに半分で構わないと答えた。

数日後、同じ時刻にその場所を通りかかると易者がまた手招きをする。もう顔馴じみのようなものだから気軽に寄っていくと、彼は秘密の連絡事項でも確かめ合うように声をひそめて、「アレ、川に流したか」とたずねた。流していないと正直に答えると彼は目を見開き、それから「あああ……」と奇妙な呻き声を洩らした。

あの時、確かに川には流さなかった。それでも、私なりにどこかで肝に銘じたものがあったのではないか。最近になってしきりにそう思う。

自然の哀れみ

「ダイヤモンドに目がくらみ――」というセリフが昔の小説か映画のなかにあったと思う。そのセリフが口にされた舞台は熱海の海岸ではなかったか。

極端な話に限ればダイヤモンドに目がくらんだ覚えはないが、怒りに目がくらんで困ることはある。何だかわからないがとにかく腹が立つという不可解な現象は、二〇〇一年ごろから現われるようになった。少しくらいの欲や怒りだと罪にはならないだろうが、私ほどの怒りになると立派な罪の一つに数えられるようで自分でも時々怖くなることがある。

私はその日、まるで噴火する山のようだった。次から次へ噴き上げてくる怒りを散歩につき合ってくれた知人にぶつけ、その勢いでいつもの三倍は歩いた。アドレナリンが出ると、元気になったような錯覚を起こす。その結果、かえって疲れるとわかってはいるが、いくら経験しても学習しない。とうとう力がつきて御堂筋のベンチに倒れ込んだ。滅多にないほど座りの悪いベンチでもさんざん怒った後、近くのカフェでかなりボリュームのある棒チョコとケーキを食べ、いつものように美味しいとは思ったが煮えたぎる頭は静まらない。その日の私をもてあました知人からもっと食べてはどうかと勧められ、一瞬迷ったが止めておいた。あと一つや二つ食べても効き目はなかっただろう。

やがて一日は暮れかかり、知人にはおそらく溶岩を浴びたような散歩を終えて大阪駅に向かった。梅田ガーデンシティへ戻ってきた時もアドレナリンはまだ出続けていたらしい。そのままの勢いで西口に近い商店街へ通じる近道を通った。ごく短いその道に外灯はなく、夜になると薄暗い。怒りで気もそぞろなところへ実際は相当に疲れていたのか、私はその道でつまずいて敷石を斜めにはずれ、土の上を前のめりに走った。その日の締めくくりのように悲鳴を上げながら。倒れずによく持ち堪えたと呆れるほど無理な体勢のまま走ったので、足首を少しひねり、膝にも負担をかけてしまった。止まったのは建物の側壁にぶつかる寸前で、どれほど走ったかと思わずふり向くと、私が走りだしたあたりに、棒のようにまっすぐで無感動なシルエットが立っている。いま十歩は走ったかと確かめると、「十歩は走った」という苦々しい声がシルエットから返ってきた。

帰宅して深夜にひとりで座っていると昼間の怒りが嘘のように静まり、じわじわと恥ずかしさが頭をもたげてきた。自分なりに怒りの正当性を信じてはいても、どうしようもなく恥ずかしい。きっと怒りそのものではなく、怒りのスタイルを恥じているのだろう。不細工で惨めなその日の自分を思い返していると、やがて体の底からふつふつと笑いが込み上げてきた。声にならない笑いは、なかなか止まらない。ようやく止まってしばらくすると、しんとした時間が訪れた。私は人より怒りやすいが、そのぶん人より笑いやすい。喜怒哀楽が極端ということでケリはつきそうだが、一方でこれは自然の哀れみではないかと思うことがある。

ところで、私はその日の風景を何一つ憶えていない。御堂筋の恐ろしく座りの悪いベンチ、ボリュームのある棒チョコとケーキ、そして悲鳴を上げながら前のめりに走った近道での出来事をのぞいて。気持ちよく晴れた一日のようだったが、ただ怒るだけで暮れてしまった。度はずれた怒りは不細工なだけでなく、大きな損失にもつながるようだ。

触れる

繁華な町の駅前に大きな陸橋があった。広い交差点を覆う屋根のような陸橋には、いくつかの階段が付いている。その階段の一つを下りるともうそこが路面電車の終点で、私はいつも折り返しの電車に乗り、母が暮らす施設のある町へ向かうのだった。

その日もすぐそばに赤い車止めのある駅に立っていると、目の下に小さな少年の頭があった。髪を短く刈った頭の形が美しい。揃った毛先が奇妙な植物のようで、つくづく見入りながらその触感を想像した。

施設から母の車椅子を押して眼科医院へ向かった。路面電車の踏みきりを渡り、教えられたとおりに右へ曲がる。初めての道が新鮮だった。静かな住宅街を行くと、一軒の家の庭先に見たこともない生け垣が並んでいた。高さ三メートルはあるだろう。幹は細いが、ぴたりと添った枝葉が密集して不思議なボリュームがある。それが隙間なく立ち、揃った葉先が斜めに空を指している様子は自然の律動そのものだ。思わずそっと感触を確かめた。

眼科医院からの帰り道、ガレージのある広い前庭のすみに寝そべっている犬を見かけた。大きな犬だと感心して立ち止まると、のそりと起き上がり、まるでそれが習慣のように横縞のシャッターのそばまで寄ってきた。かなり老犬のようで驚くほど優しい目をしている。頭を撫でたかったが、目の前のシャッターが私をためらわせた。手は出せなかったが顔をじっと見ていると、そのうちに犬はその場に立ったまま目を翳らせてそっぽを向いた。そして、サヨナラの挨拶をした時も顔を戻さなかった。いつも近所の子供たちに撫でられているのかもしれない。立ち去ろうとした時も私の視野の片すみに、そっぽを向いたままの老犬は動かなかった。

車椅子を押して線路脇の道を歩きながら、犬の気遣いに応えなかったのではないかと思った。あの犬の横顔が忘れられない。その日、私は大切な一つのものに触れなかったのだろう。その思いが、いつまでも胸のなかに尾を引いた。

三分五十秒の攻防

朝の通勤電車で痴漢に遭ったことがある。座席と座席の間の通路ではなく、ドアを入ってすぐの四角い空間で。すし詰めの電車が動きだすとすぐに見えない手が私の体をまさぐりだした。その手の執拗さに堪りかねて首をまわしたが、手の持ち主を特定できないほど乗客のあいだには隙間がなかった。

こういう場面で、なぜか私は声が出せない。そのぶん怒りが膨らむのか、いきなり痴漢の手首をつかんだ。自分でも驚いた。まだ勤めだした頃で、学生時代にスポーツをしていた私には充分な力が残っていた。その上、女にしては手が大きく指も太い。痴漢は手首をひねってほどこうとする。私を私服警官とでも思ったようなもがき方だった。私は、ぐっと力を込めてひねらせなかった。

本来の腕力からすれば女の私は非力《ひりき》で、痴漢をするようなヤワな男でも相手は強力《ごうりき》。けれども、彼はその力を発揮できない。本来の力でほどこうとすれば痴漢行為が露見する。つかむ手と、あらがう手首。事態はまさに逆転していた。私は心身共に消耗していなかったが、相手には相当きつい時間だったと思う。

電車が四分足らずで大阪駅のプラットホームに滑り込んだ時、私はまだしっかりと手首をつかんでいた。彼は思ったか。ずいぶん長く朝の電車に情熱を傾け、何事もなく今日まで来たのにもうすぐ駅長室に連行されるとは青天の霹靂だと。そして、私服警官に手を出した不運を呪ったかもしれない。死に際の人の脳裏を、一生が走馬灯のように駆けめぐると昔から言う。彼もまた、築き上げた人生が瓦解する光景を、まざまざと脳裏に見ただろうか。ついに電車のドアが開き、乗客が動きだすと同時に私は何も考えないまま手首を放した。彼の顔さえ見ていない。途中でシテヤッタリという心境にはなったが、それももう消えていた。

私はその後、この突拍子もない出来事について考えたものだ。彼はあの日をきっかけに痴漢から足を洗ったかしら。それとも、いつか勇気ある一般女性か本物の私服警官の手で駅長室へ連行されたかしらなどと。そしていま、新たな一つの考えが加わった。彼はあの時、もう二度とやるなという警告付きの情けを私服警官にかけられたと受け取った可能性も無くはない。頭から完全に抜け落ちていたこの考えに、私はなぜか愕然とした。

路地を抜ける

郊外の病院に幼友達を見舞ったことがある。暑い夏の盛りだった。ずいぶん長く電車に揺られて見知らぬ町で下りると、リハビリの段階まで回復していた友達が駅の改札口で待っていてくれた。そこは港町だったはずで、その雰囲気でも……と記憶を手探るような気持ちになるが、憶えているのは炎天下の駅前広場と、病院までの道筋にあった一本の路地。そしてその路地にまつわる奇妙な会話だけだ。

彼女は並んで歩きながら、病院への道順は複雑で説明するのが難しいのだと言った。なるほどこれは説明困難だと思うほど歩いた頃、とある家の角で彼女は立ち止まった。その家の左手に入り組んだ路地があり、三叉路のようになっている。角を曲がって三叉路の中央に立った彼女はちょっと迷った後、誘うような目で近道をしようと声をひそめ、一本の路地に入っていった。それは古い長屋と長屋の間にある幅一・五メートルほどの路地で、ずっと先の方まで真新しいコンクリートに覆われ、そのコンクリートの両側が木造家屋の裏窓すれすれまで立ち上がっている。イメージとしては、内側の丸みを角にしたボブスレーのまっすぐなコースというのが近い。

彼女について一歩踏み込んだとたん、いきなり鋭い恐怖感が来た。それは背筋の凍るような感覚だった。しばらくは黙っていたがそのうち我慢できなくなり、前を行く背中に訴えた。すると、「そうでしょう」と親しい顔がふり向き、また平然と歩き続ける。道を塞ぐような背中が、普通にしていなければ余計に怖いのだと語りかけているようだった。彼女の脇をすり抜けてでも走りだしたい。うずうずする衝動を私は必死にこらえた。

路地を抜けてからも、不自然な沈黙が続いた。待っていても話してくれる気配はないが、やり過ごすには私の感じた恐怖が大きすぎた。ついに私の方から切りだすと、「怖いから話さない」と彼女は素気なく言った。それほど怖いなら、なぜあの路地を通ったのか。その点をたずねると、近道なので連れがあれば通るのだと今度は天気の話でもするように答えた。徹頭徹尾、彼女は普通にしていた。

私は病院から駅への道順を知らないので帰りも送ってもらったのは憶えているが、あの路地のことは記憶からすっぽり抜け落ちている。私を駅まで送ってくれた後、もちろん彼女はあの路地を避けただろう。

静かな夜

朝から降り続いていた雨が、夜半になってようやく上がった。家が四つ辻の角にあるので、しっとり湿り気をおびた道が二階の窓から満喫できる。まず、家に沿って描かれた歩行者の領域をしめす白ペンキの破線。家の前の歩道を横ぎる太い実線と〝止まれ〟のきっぱりとした文字。そして、雨に洗われた四つ辻の中央にくっきり浮かび上がる大きな十文字。アスファルトの路面に、外灯の明かりが異次元の世界をのぞかせている。

置きゴタツに戻って、食べたばかりの板チョコの包み紙を手にとった。子供の頃から目に馴染んだシックな光沢のあるチョコレート色の地と金文字。地色とシンプルな文字の取り合わせが美しい。目当ては、裏面の小さな囲み記事。――〈ヨーロッパ人で初めてカカオに出会ったのはコロンブス〉。残してある別の包み紙の記事も読んでみよう。〈カカオの木は、幹や枝にラグビー・ボールのような実がなる。チョコレートが最初につくられたのはスイス〉――。

深い谷底にでもいるような静けさだ。カカオにまつわる小さな記事は、こういう夜にふさわしい。目を傷めているので文庫本の一ページはつらいが、これなら楽に読める。何よりも、情緒と無縁なところが冴えた夜の空気に合っている。ふと手を見て、そろそろ爪を切らなければと思った。

楽しくはないが憂鬱ではない。何もする気はないが退屈ではない。未知の頭とすげ替えられたように新鮮でいて、もう憶えていない遥か昔の自分へ帰ったような懐かしさがある。異次元の世界からの贈り物かもしれない。たまには、こういう夜があっていいのだろう。

快適な空間

二十代の数年間、車に乗っていた。

父の知人から譲り受けた車は白のカローラ。振り袖姿で運転していた元日の道路が記憶に鮮やかだ。遠くまで見通せる旧国道二号線、いまの四十三号線を神戸方面に向かっていた。数車線の直線道路はガランとして空気が澄み、ただもう気持ちがよかった。確か草履は違反ではなかったが、いま思えば振り袖姿でギア・チェンジをするのは危ない。なぜか帯にはさむことは思いつかなかった。それにしても、あれは何処から何処へ向かっていたのだろう。人と待ち合わせた記憶もなく大きな開放感のなかにいたので、単に元日の小さな行事を終えた帰りだったかもしれない。

私は不器用なためかギア・チェンジが好きではなかったが、あれこそが運転の醍醐味だと言う人もいた。いまの時代にギア・チェンジと言えば、悪路を走りまわる耐久レースを咄嗟に思う人も多いだろう。オートマティックの車が出まわるようになったのは、私が運転を止めてまもなくの頃だった。

車を運転している時、その人の性格の一面が出ると昔から言う。たとえば、日頃は穏やかそうな人がハンドルを握ったとたん、やたら舌打ちを始めるというように。あれは怖い。初めての場合は人格が豹変する現場に居合わせるようなものだろうから。一度、悩まし気な顔で知人に打ち明けられたことがあり、私も仕事でそのタイプの人の車に乗り、助手席ではらはらした経験がある。それからすると、私は呆れるほど穏やかな一面を持つことになるが、考えてみれば好きな音楽の流れる移動空間のなかで、仕事もしていなかった当時の私が苛立つはずはない。私が穏やかな一面を持つというより、空間が私を穏やかにしたのだろう。

快適な空間といえば酸素カプセルが思い浮かぶ。ある整骨院の外壁にその文字を見かけた時、思わずカプセルに横たわる自分を想像した。アスリートがよく利用するそうで、どういう状態になるのか興味深い。まさか楽しくはならないだろうが、頭や体が楽になって気分が晴れ晴れするのだろうか。棺に横たわる前に、一度は横たわってみたいものだと思う。

北風

玄関の戸を開けると、外は予想以上の風だった。病院までは自転車だと十分足らずで行けるが、それは危ないと感じさせるほどの風だった。タクシーを利用しようと駅前まで出ると、広場に止められた自転車の多くが将棋倒しになっていた。その向こうに客待ちのタクシーが止まっている。そちらへ向かうはずが、まるで何かにそそのかされたように歩きはじめた。

病院へ向かう国道沿いに人の姿はなく、まっすぐな道のところどころに自転車が倒れていた。私を追い越して枯れ葉や紙くずが走っていく。二十分ほど風の道を歩き、無風地帯の病院でいつもの薬をもらった。外に出ると、一段と強まった風が短い髪を乱し、絶えず方向を変える風が髪を無茶苦茶に逆立てる。阿修羅にでもなったようだと思った。阿修羅になってはいけないと押さえたり、阿修羅になっても構うものかと逆立つにまかせたり、それをくり返しながら風のなかを駅前まで戻った。

駅前のベーカリーに入ってコーヒーを飲んだ。熱いコーヒーが身に沁みる。二口、三口飲んで落ちついた。やっと風から逃げられた。ほっとして外を見ると、窓近くの歩道にクリスマスツリー、そこから離れた広場に数本の幟《のぼり》が立ち、ハタハタとひるがえっている。普段はションボリと垂れている幟《のぼり》。それが数本でひるがえる様子はちょっとした見ものだった。豪勢なものだと思っていると、いきなりポールに沿って三分の一まで縮み上がり、いったん元に戻ってしばらくするとまた縮み上がった。まるで生き物のようだ。

幟の動きに感心した後、店に流れる音楽を聴きながら本を読みはじめた。そのうち、前がひらけたように感じて目を上げると、コンクリートの四角い土台からポールごと抜けた幟が遠くの方へ飛ばされていた。いつの間にか止められた自転車といっしょにクリスマスツリーは倒れ、イルミネーションの淡く点滅する枝に、子熊が虚空《くう》を見ている。すぐに店の人が慌しく動きだした。そして幟とツリーは持ち去られ、私の前方には風の広場だけが残った。

梅雨の晴れ間

台所のシンク横の台に並べた空き缶が六つになった。五つのアルコール度数三パーセントの果実酒と、四パーセントのカクテルが一つ。それは逆三角形にまとまり、椅子に座った私の方を向いている。その先端を見ていると、突然、ビリヤードのナインボールを思いだした。あのブロックを手玉で散らす時、なぜあれほど力んでしまったのだろう。肩から腕、キューを握る手の感覚と、手玉を突く瞬間の力みがありありと蘇った。

そのうち、逆三角形は隊列のようにも見えはじめた。カクテルを先頭にした小さなピラミッド型の隊列で、その前に待ち受けているのは台所の床という深い谷。私が目を離したからといって空き缶の隊列が前進することはあり得ないが、何だか落ちつきが悪い。あまり暑いのでどこかへ涼みに行こうと思ったついでに逆三角形の向きを変えてみると、確かに少し落ちついたが、先端のカクテルの空き缶は鼻先を壁にくっつけた隊長のようになってしまった。

まだ六月だというのに、とにかく暑い。太陽がカッと照りつけるアスファルトの道を、昔の温度計を思いながら歩いた。子供の頃どこにでも見かけた、平たい板とガラス管と水銀で作られた温度計。その細いガラス管のなかをジリジリ上がる水銀柱を想像してしまうような暑さだった。

駅近くの店の広いガラス窓には、いつものように美容室のオレンジ色のテントや白い壁の写真スタジオが見え、弁当屋の太いダクトはすぐ上の高速道路を指している。遮音壁の向こうを絶え間なく流れる車が見えるようだ。遠方への客を乗せたタクシーや、山のような荷物を積んだ大型トラックが走っているだろう。そのなかには、孤独を好む人が運転する車も混じっているだろうか。ごくたまには、人の臨終に立ち会おうとする緊張した車が疾走するかもしれない。何の脈絡もなく、私はふと、台所に残された可哀想なカクテル隊長を思いだした。

高速道路の遥か上には梅雨の合間の青空がどこまでも広がり、一つ、二つと数えるほどの雲が呑気に浮かんでいる。やがて来る真夏の空には、雪のような雲が白く高く盛り上がるだろう。

学者

立命館大学の白川静先生の研究が認められて何年になるだろう。その研究室には夜も灯が点っていたので、当時の学生運動の連中が逃げ込む場所にもなったという。その騒動があった時、先生が机から顔を上げたか研究に没頭していたかは知りようもないが、そういう逸話にも何かしら感じがある。テレビに出演していた先生は、版画家の宗像志功のような風貌の人だと聞いた。

ある時、御用学者と呼ばれる人たちの存在を知って驚いたことがある。それは常識の部類に入る話だそうで、私が驚いたことにむしろ知人のほうが驚いたようだった。学者というのは漢字自体がどっしりとして、その響きにも重みがある。学者とは孤高なものだという最初の先入観が私のなかで大きく育ってしまったらしい。作家の井上靖の岳父が孤高の学者だったと知った時も、岳父は孤高のうちでも飛び抜けて孤高なのだと思い込んだ。

辞書によれば、〝御用学者〟とは時の権力に迎合して都合のよい説をとなえる人たちのことを言い、それに対して権力側は御用学者でない人たちを〝曲学阿世の徒〟とののしるそうだ。曲学阿世の徒とは、これも辞書によれば真理を曲げて世間におもねる学者とのこと。その大体の比率でも知りたくなるような迫力ある辞書の記述で、不謹慎かもしれないがそれを読んで思わず噴きだしそうになった。

数年前、環境問題についてのインタビューにひとりの中年男性が、「ちょっと騒ぎすぎだと思いますね」と答えていた。インタビューの背景が街頭ではなく廊下のように見えたが、あれは関連団体の建物内だったか。長い病気のために私の記憶は所々に空白を伴うが、そういうインタビューが行われた事実や、「騒ぎすぎ」という苦々しげな発言から推して、周りは環境問題で相当騒がしくなっていたと思われる。最近では氷山が崩れ落ちる光景や、変わり果てた海底の映像がテレビで流され、もはや先送りできない問題として世界が取り組みだしたかに見える。いったん上がった海水温度は元に戻りにくいそうで、事態はわれわれの想像を遥かに超えてさし迫っているのだろう。例の〝御用〟と〝曲学〟は手を取り合うとまでいかないにしても、この問題については同じ方向を目指して歩いているだろうか。

国連は今日、地球温暖化から地球沸騰化に表現を改めると発表した。

帽子

父といえば、ソフトと呼ばれるフェルトの帽子を思いだす。チャコールグレーの柔らかな布地に同系色の別布のリボンが巻いてあった。それはいまも赤の丸い帽子入れにおさまっている。仕事の時はもちろん、他の外出時にもソフトを手放さなかった父はそれを大切にして、休日になると丁寧にブラシをかけていた。胡坐をかいた後ろ姿が懐かしい。帽子や煙草がアクセサリーとして映画で活躍し、人々が万年筆やライターに凝った時代だった。

父が亡くなってまだ間のないある日の午後、私は芦屋駅からそう遠くない舗道を歩いていた。ちょうど新緑の季節で、いっぱいに枝を広げた街路樹が豊かな影を落としている。そよ風と、頭上にさわさわ鳴る梢の若葉。五月の陽がこぼれて舗道に揺れる斑模様が美しい。ごく浅い海底にも似たそこに踏み入って佇むと、斑模様に私の影が重なった。思わず誘われるように写真を撮り、それを見て驚いた。影の私が被っているはずのない帽子を被っている。その輪郭が父のソフトにそっくりで、肩のラインとその微妙な傾き、足の開き具合も驚くほど父に似ていた。片足への重心のかけ方になると、それはもう父以外の誰でもない。後日、その写真を母に見せると頭から父と思い込んだようだった。自然は思いがけない悪戯をする。

私は、親しい人の写真も自分のものもあまり見ない方だが、プロが撮ったらしい観光地での両親の写真が印象に残っている。中年期の母が父の腕に腕をかけて佇むモノクロームのキャビネサイズの一枚。父はダブルの背広、母はスーツ姿にハイヒールの靴という装いで、ふたり揃って自然な微笑みをたたえている。その時の父が、めずらしく無帽であることもまた感慨深い。

ストップモーション

通り雨が来た。

青い空から降る雨はまっすぐに路面を叩き、輝く飛沫をあげ、わずか数分で通り過ぎていった。駅近くのハンバーガーショップの窓に洗われたような町がある。左に見える人や自転車が渡る小さな交差路と、その向こうの商店街の入口。右に見える白い壁の写真スタジオと、その前の植え込みのみずみずしい緑。そして、ここからは見えない駅前広場にも明るく蘇った日常があるだろう。空は相変わらず青い。

私は想像する。いつか晴れた日に、舞台の書割りにも似た建物の壁という壁が倒れる光景を。劇場型と呼ばれる残虐極まりない側面を持つ現代社会には、そういう終焉がふさわしいと考える者がいないとは限らない。何も疑わずに生きているわれわれ人間や動物は、その瞬間にピタリと動きを止める。北斎漫画のようなポーズのままに。その時、空の高みにいる何者かが、さも退屈そうに拍手をする……。

口直しに、リルケの『夏の雨の前』の美しい一節を。

色のあせた
壁紙のうつすのは
子供の時に恐れられた
午後の、あの不確かな光

——リルケ／ドイツの詩人

夏至の太陽

週に一度の外出は、天気に恵まれると特別なものになる。昼食後に散歩をしてお茶を飲むだけの何気ない半日。それが都市であれ山の見える町であれ、青空が広がっているだけで記憶に残る時間になる。そして、その予定が先に控えているだけで、それを待つ一日一日もまた活気を帯びた別のものになる。

芦屋の駅ビルの五階に、素晴らしく広い窓をもつ店があった。磨きぬかれたガラスの向こうに六甲山と空が見え、眼下には大きな陸橋や広く整然としたタクシー乗り場などの駅前風景があるので、同じ窓でも私には値打ちがある。たまに立ち寄る時は、必ずその窓のそばの席についた。

その日は、五階の窓から手の届きそうな高さに一筋の長い雲が浮かんでいた。低空圏の風が強いのか、絶えず形を変えながら吹き飛ばされていく。目が離せなくなって追っているとそれは切れ切れになり、やがて消えてしまった。空模様がどうも危しい。

しばらくすると窓からサッと陽が差し、水の残ったグラスが明るんでまた翳った。コーヒーカップ、グラス、灰皿のある雑然としたこのテーブルの上を、私はいつか何処かで思いだすだろう。

駅ビルを出てから町を歩いた。遠い山の上にうっすら霧がかかっていると見ていたら、アッという間に峰の一部が隠れてしまった。霧の動きは速い。ふと、この山のホテルの霧に包まれた夜を思いだした。あれはホテルに戻ろうと隣接した喫茶室のドアを引いた瞬間のことで、まだ開ききっていないドアの隙間から、待ち構えていたように太い霧が入ってきたのだった。私の脇をくねるようにすり抜けた夜の霧。それは半透明の大蛇を思わせた。

この町の高台から、線路の向こうに広がる黄金色の夕空と、燃えるような落暉を見たのは偶然に訪れた去年の冬至の日だった。そしてまた偶然に訪れた今年の夏至の日、雲に隠れては現われる月のような太陽を見た。

エピソード

両親は、それぞれが別の時期に他人の借金を背負った。もともと裕福ではない家が、分不相応な額を返済するのは大変だったらしい。

ある日、別れて暮らす母から電話がかかってきたので、教えられたとおり電車を乗りついで会いに行った。住み込みで働く母の部屋は屋根裏にあり、そこに通されて正座する私に、母は「ちょっと、ここで待っててね」と声をかけて出ていったが、その弾んだ声と私を見るような見ないような様子が印象に残っている。

父は多くの姉妹に囲まれて呑気に育ったが、社会に出てからは生来の気質も手伝って何をしても上手くいかなかったようだ。母は幼い頃から言葉につくせない苦労をした。そのふたりの間に生まれた娘として、精神的に早々と独立してしまったひとりの子供として、せめて両親に共通する借金以外のエピソードを書いておきたい。それを思いだして苦笑する時、私の心はわずかに慰められる。

父は外国の俳優に似ていると言われたそうで、それを子供の私に何度も話した。当時の父の勲章だったのだろう。俳優の名前はハンフリッポカード。ちょっと気取った発音の名前を私はそのまま覚え込んだが、それがあの有名な映画『カサブランカ』のハンフリー・ボガートだと気づいたのは大人になってからだった。

母は昔、シモーヌ・シモンに似ていると言われたらしい。それを聞いた当時、私はシモーヌ・シニョレを知っていたのでそれはシニョレの間違いではないかと確かめたが、母はシモンだと断言した。けれどもシモンの映画は観ていないらしく、母はシモンもシニョレも知らないようだった。話の経緯から母の聞き間違いだと決めた私は、母に無断でシモンはこの世に存在しないことにした。これは、ほとんど接点がないかと思える両親に共通するエピソードで、大昔に他人から言われた一言がこういう話になるかと、また違う意味で苦笑を誘われる。

後年になって、古いオムニバス映画『輪舞』の一話にこの世に存在しないはずのシモーヌ・シモンを見つけた時は驚いた。この人がシモンかとつくづく見入りながら、母に悪いことをしたと思った。父も母も名前をあげた俳優に似てはいなかったが、それはそれとして、両親には子供の知らない一面があり、子供に見せなかった多くの表情があったのだろうと思う。

小さな伝令

小学校一、二年生の時だったと思う。その日の授業が終わり、私たちは掃除のために机と椅子を後ろへ寄せて、先生の話を聞くために整列した。最後の授業中からすでに尿意を感じていた私は、最前列で解放されるのを待っていた。いつもは呆気ないほど短い話がその日は延々と続き、いつまでたっても終わる気配がない。私は先生の言葉の欠けらも耳に入らず、何度も訴えようとしては、もう終わるだろうと思い止まった。

怒りには沸点があり、我慢には限界がある。大人の我慢と小さな子供のそれは違うのだとつくづく思うが、そのうちに頭が白くかすみ、生温かいものが太ももの内側からふくらはぎを伝って足元の床に溜まりはじめた。その輪はじりじりと広がっていく。隠せないと知りつつ、私はランドセルを足元に置いた。その後の人生に待ち受ける絶望とのこれが最初の出会いだった。小さな囁きが背後に聞こえ、それは漣のように広がって誰かが事態を先生に伝えた。教室はちょっとした騒ぎになり、一気に緊張から解放された私は、くの字に曲げた手のひらを目にあててシクシクと泣きだした。泣きたい気持ちはとうに過ぎていたが、泣く以外にその場をやりすごす方法を見つけられなかった。

その日、学校で開かれていたＰＴＡ会場に小さな伝令が飛び込んだことを帰宅後に母から聞いた。ハアハアと息を切らした伝令は母のそばへ駆け寄って、「Ｃちゃんがオシッコした！　Ｃちゃんがオシッコした！」と叫んだそうだ。目を丸く見開いたその子の、無心で懸命な様子を母は生き生きと話した。母が描きだした伝令の鮮やかなイメージは、私の恥ずかしさを一瞬でねじ伏せた。


母からバトンを受けたように、母が見ていないその日の情景を私は想像する。先生から託された大切な用事を胸に教室から飛びだした男の子を。屋根付きの粗末な木造の廊下を走り、曲がり角でバランスを崩して体勢を立てなおし、また直線コースを走っただろう少年。ひとりの少年であると同時に、限られた時間のなかのすべての少年である伝令を。

この小さな伝令は忘れた頃に現われ、そして思い出の廊下を一目散に走り去る。

恥について

日本のある作家はそのエッセイで、恥についての思いを〝キャッと叫んでロクロ首〟と書いている。身が縮むのではなく首の伸びるところが面白い。おそらく身が縮むどころではなかったとみえる。〝人はすべて恥をかくためにのみ生まれてくる〟――これは外国の人の言葉だったと思うが、〝のみ〟と限定したところに恥への意識の在り方や自嘲、開き直りのようなものまでが感じられて興味深い。それにユーモアがあり、どこか哲学的な匂いのする言葉でもある。

あらゆる物は互いに関わり合っているという。私の経験では〝流行と恥〟もその一例だろうという気がする。経済を離れて無責任に言えば、もともと、流行というものには人のバランス感覚を狂わせる力があるようだ。辞書によれば十七、八世紀のある国の女性たちの間で厚底の靴が流行し、一メートルあたりまで高くなったところで妊婦が転び、そこでやっと禁止になった。少しずつ、ほんの少しずつ高くなる靴底とその過程で麻痺していく人の感覚……。変わったところでは、ジャンセニスムという極端な禁欲主義が流行し、これもまた禁止になったらしい。危険なところまで行ったのだろう。イズムもまた流行と縁が深いということか。

私もかつて極端な流行の波に乗った経験がある。何年ほど続いたのか、あれは異様に肩幅の広い服が隆盛をきわめていた頃で、ほとんどの人がその種の服を着ていたが私も一着の象牙色のハーフコートを買った。実際の肩より外へ張りだしたコートの肩と、それを支えるための大きく分厚い肩パッド。そのコートを着た私の後ろ姿は、がっかりと肩を落としたアメリカン・フットボールの選手のようではなかったかと思う。当時の私は、それを着て得意だった。

その頃のある日、仕事の昼休みにオフィス街の喫茶店で旧友と待ち合わせた。私は自慢のハーフコートの大きな脇ポケットに、財布やハンカチといった必要な物をすべて入れ、バッグを持たずに意気揚々と歩いた。仕事場から待ち合わせ場所までの穏やかに晴れた空。久しぶりに会う旧友。休み時間が倍ほどあればと思う他に望むものはなく、ただもう楽しかった。

昼休みはソワソワと話すうちに過ぎ、私は友人に待ってもらって洗面所に立った。扱いに困るコートをわざわざ羽織ったところをみると、一分でも長く身に付けていたかったのだろう。鏡を見て髪を直すより、コートの衿を見たのを憶えている。しばらくして洗面所を出た私は、席へ戻るためのテーブルとテーブルの間のまっすぐな通路で静かな声に呼び止められた。

「落ちましたよ……」

ふり向くと、同年配の男性が端正に座ったままの姿勢を崩さず、三角の大きな肩パッドを差しだしている。ギョッとした。私は誰も落とすはずのない物を落とした。裏地のないコートに縫い付けてあった三角の大きな肩パッド。その糸が日に日にほどけていくのを見て、これは危ないと思いながら放置し続けた。度はずれた横着は、信じがたい失敗を招く。優雅に足を組んだ男性は、床に落ちたハンカチでも拾ったようにそれを返してくれたが、三角の肩パッドが手から手へ渡るところはどう考えても可笑しな光景だった。

その後、私は一瞬見ただけのその男性の表情を何度も思いだした。当惑するのでも微笑むのでもない柔和でまっすぐな表情を。そして、あれこれと想像をめぐらした。私とはまるで異質であるらしいその人の精神世界について。

夢のはなし

私は夢らしい夢を見ないほうで、後々まで印象に残るものは数えるほどしかない。その数少ない夢のなかに、絶品とも呼べるものが二つあった。

一つは、頭上に広がる『満天の星』の夢。ただしこの夢には幾つかのバリエーションがあり、上品で静かな星空の他に、宝石を散りばめたようなカラフルな星空もあった。その上、この星空が数メートルの頭上に広がっている。豪華ではあるが、低い天井の下にいるようで息苦しくもあった。何といっても、銀色に見える遠い星々からなる夜空ほど素晴らしいものはない。

もう一つは、ただ猛スピードで突っ走っているだけのシンプルな夢で、これは鮮烈さの点でずば抜けた信じがたいような夢だった。名付けて『疾足』。私は、ものすごい速さで走っていた。足元から地の果てまで都市の模型が広がっていた。その頃に暮らしていた場所を俯瞰したような景色。私の巨大な足はその模型を踏むことなく、アスファルトの路面をしっかりととらえる。ずいぶん長く走り続けた。頬が風を切る臨場感と、踵から踏み込んで指先へ抜けるあの裸足の足裏の感触。もう二度とそれを味わうことはないだろうという妙な確信を抱かせるほど爽快な夢だった。

学生時代に変わった夢の話を聞いたことがある。黄土色の絵具状のものが画面全体にうねり続けるという〝動く抽象画〟のような夢。それを何度も見るのだと友人は怯えていたが、成人後はふっつりと言わなくなった。その夢を見なくなっただけでなく、見たことさえ忘れたのかもしれない。

私が見た怖くて印象深い夢は、具象的で呆れるほど愚劣だった。一本の歯が抜けたかと思うと、また一本また一本と抜け、ついに抜けた歯で口がいっぱいになる。抜けた歯の感触が舌に生々しく、それを頰張っている自分がつくづく情けなかった。その情けない私の頭にまず〝夢〟という語がちらりと掠め、次に〝夢かもしれない〟という希望が浮かび、やがて〝これは夢だ〟という確信を得る。これは誰にでも共通する怖い夢の覚め際だと思うが、この時は内容のこともあって、その安堵感は可笑しいほどだった。

これを同年代の人に話すと、彼女は勢い込んで身を乗り出し、まるで秘密を共有したように同じ夢を見たと言った。この夢には他言をはばかる要素があるのかと思わせるような話しぶりだった。私も見たという人が、あちらこちらから現われそうな気がしないでもない。もしそうなら、誰もが通過する年齢の節目と関わりがありそうで、滑稽なうちにも寂しさの漂う夢かと思う。

死を前にした昏睡状態にある時、昔から言うように人は自分の一生を走馬灯のように見るだろうか。それとも、最後の夢を一つ見るだろうか。私は最後の夢を見たい。そしてその夢を選べるとすれば……。私は『満天の星』か『疾走』のどちらかにしよう。『疾走』は捨てがたいが、『満天の星』に決めた。実は、『疾走』と『歯』は同じ時期に見ている。もし『疾走』を選んだとしても、何かの手違いで『歯』に入れ替わらないとは限らない。この相反する内容の夢は、年齢というものにまつわる興味をくすぐるが、それはまたの機会ということにして。私が気になるのは予期せぬ事故だ。この事故は取り返しがつかない。それに、あらゆる理屈を超えて『満天の星』にまさる夢が他にあるだろうか。

すべてが終わる時、あの静かで壮大な星空の下《もと》に私は佇みたい。

郷愁

三つの物が気になっている。むしろ、執着と言うべきだろうか。つねに考えてはいないが頭の片すみにあるようで、ふと思いだした時にその名前をたずねると人は首をかしげる。

一つは、二階の窓から見える高速道路に並びたつ外灯のようなもの。夕空の下では夢のように淡く、闇が下りるにつれて橙の色を深める灯は、川を渡って対岸の都市へと続く。それは夕方のある時刻になると一斉に点り、明け方のある時刻になると一斉に消えるのだろうが、私はまだその瞬間を見たことがない。

別の一つは、線路を跨ぐように立つゲート形のもの。それは私だけでなく、線路の近くに生まれ育った多くの人の原風景のようなものだと思うが、もともと線路そのものが人の心の奥にある何かを揺り動かすのかもしれない。その証しのように、線路は昔からいろいろな映画に登場する。みずみずしい草の緑がいまも目に蘇る『スタンド・

バイ・ミー』は、線路そのものが主役のような映画だった。シドニー・ポワチエとロッド・スタイガー主演の『夜の大走査線』は、観終わって思わずそのタイトル（原題は何だろうか）が悔しくなるほど、モノクロームの素晴らしい映像が随所に散りばめられた映画で、その始まりと終わりに線路あるいは駅が何ともいえず粋な登場の仕方をした。

最近に観た『ギター弾きの恋』では、主人公の背景に貨車が走るという短くさりげない夜のシーンとして、その後の彼の人生を暗示するかのように登場する。主人公は実在した人物がモデルのようで、映画のなかに流れる演奏は本人のものらしい。その主人公を演じたショーン・ペンのギターを弾く姿に雰囲気がある。借りてきたＤＶＤを戻したり先送りしたりして何度も演奏シーンに見入り、行方不明になったという本人の演奏に聴き入った。私は飽きるということを知らなかった。

最後の一つは、大方の明かりが消えた深夜になっても川向こうの都市の所々に残る小さな赤い灯。高層建築や、その屋上で空を指すクレーンの先に夜を徹して点り続けるあの静かな赤や、明滅する赤……。

この三つは郷愁につながる大切な物でありながら、私はその名前を知らない。

スケッチ

二階のベランダで洗濯物をとり込んでいると、夕方の道の向こうから一匹の犬を先頭に三人連れの家族がやって来た。成犬ではないのか、茶色の犬はまだ初々しい。犬の鎖を持つ母親の両脇を歩いているのは、小学校低学年の少年とその姉のようだ。彼らはまもなく、ベランダの真下まで来た。

少年は前にまわって犬の顔をのぞき込んだり、また小走りに戻って体に触れようとしたり、いったんのばした手を引っ込めたりと絶えず動きまわっている。わくわくする気持ちが抑えきれないのだろう。犬は彼の家に来たばかりで、この日が初めての散歩かもしれない。ついに彼は「触ってもいい？」と母親を見上げた。そして犬の背をためらいがちに撫でた。上から見ている私の手にも、その毛並みや背の起伏が伝わってくるようだった。

突然、少年が叫んだ。「足、踏まれた。足、踏まれた。足、踏まれた」と立て続けに三度。それから、犬を先頭にした一行はすぐ先の角を曲がっていったが、夕方の道に響きわたった歓喜の声はしばらく私の耳に尾を引いた。

多くの人は知っているだろう。小動物に足を踏まれる柔らかな感触を。愛しさの総量であるかのような、たとえる物のないあのかすかな重さを。

それは何者か

私が小学生だった頃、映画『ローマの休日』や『マイ・フェア・レディ』で有名なオードリー・ヘプバーンが日本で騒がれた。母は私の髪形を彼女に似せようと大きな剃刀でカットした。カットする合間に、端を固定した細長いレザーでそれを研ぐところはプロのようだったが、切れが悪く髪が引っぱられて痛い。痛いのでつい頭を動かす。動かすと母が怒る。それをくり返すうち、癇癪を起こした母に剃刀の背でカツンと頭を叩かれた。その時代の写真を見ると、どこがヘプバーンの髪形かと呆れるほど似ていないが、私に合わせてアレンジしたのだと思っておこう。

母の憧れた髪型は、辞書によると一九五四年の夏に流行したもので、ヘプバーン・カットとかヘプバーン・スタイルと呼ばれたらしい。母はなぜかそれを〝ヘプバーン刈り〟と呼んでいた。頭をカツンとやられたからではないが、どこか野蛮な感じがする。これが〝丸刈り〟なら漠然と球体を、〝芝刈り〟なら青空を連想するだろう……。そんなことを考えているうちに、頭のなかで〝刈り〟と〝狩り〟が入れ替わったらしい。後でそれに気づいたが、以下四行をそのまま残そうと思う。

――たとえばこれが〝人間狩り〟だと野蛮どころではなく残虐そのもので、ただ恐ろしいとしか言いようがない。標的を定めてそれを狩ろうとする本能がわれわれ人間のうちに潜んでいるのは明らかなことで、時代やシーンによって巧妙に形を変えるそれは、機会さえあれば動きだそうと常に身構えている。――

ところで、あの頃から母はよく〝ガッソ〟という言葉を口にした。人のボサボサ頭に「あの、ガッソみたいな髪」と驚いたり、私を見て「そのガッソみたいな髪は……」と嘆いたりする。ずっと曖昧な気持ちで聞き流してきたが、最近になって妙に気になりだした。そもそも、〝ガッソ〟とは何者か。その響きは歴史上の偉大な作曲家のようであり、高名な画家のようであり、ボサボサ頭に絞れば発明家をも思わせるが、コンサイス外来語辞典にその名前は見られなかった。

ある日、〝ガッソ〟について施設の母にたずねてみると、昔はそういう言い方をしたのだと小学生に教えるような口調で言った。私は頭からガッソを人だと思い込んでいたが、植物でないとは限らない。私はきっと、〝ガッソ〟が人か植物かも知らずに終わるのだろう。

一冊の本

――この本と映画に感謝を込めて

このところ不調で好きな音楽を聴く気にもならない。そろそろ聴いてみようかと思った時には、耳に負担をかけないような刺激の少ないCDを選び、その上にプレーヤーを遠ざけ、ごく低い音量で流している。聞こえるか聞こえないかの境。そこで何かに没頭していると、たまに流し忘れても気づかないことがある。日常のさりげない音をとらえる人の耳とはそういうものかもしれない。

読書にしてもほとんど無理な状態で、いま読める唯一の本をゆっくり楽しんでいる。数ページ進む日もあれば、たった数行しか進まない日もあるが、とにかく最後まで読めばまた最初からと、何度も何度も円を描くように。読むことに躓きそうになっても、映画の印象が私を引っぱる。本と映画の境界はもう曖昧になっているが、私の場合、それが却ってプラスに働いているようだ。

グレアム・グリーンの『第三の男』。映画の脚本のために書かれた原作で、グレアム・グリーンはこれを土台にして何度も脚本を書き変えたという。この原作は短期間に仕上げられ、当初は出版の予定もなかったらしい。彼が言うように本よりよく仕上がった映画がつねに影を落とすとはいえ、こうまで私がすがりつくように読み続けているのは、最後に自分を救ってくれるものが読書であることを本能で知っているからだろう。

物語の太いストーリーを追えるのは一度きりだが、よく描かれたディテールは何度でも味わい楽しめる。私はちょっとした場面でたびたび立ち止まった。その表現にウーンと唸ったり、それに触発されて別のことを考えたりと。

思わず噴きだしたこともある。それは文庫本のわずか三ページに、「パパ、パパ」「なんだハンゼル?」という会話を三回も見かけた最初の時で、その後もそこに差しかかると、可笑しいような申し訳ないような複雑な気持ちになったものだった。それにしても、こうまで執拗に読み返されては、作者にしても不本意ではないかと思う時がある。そのことで一度、故人と架空の会話を交わした。苦笑気味のグレアム・グリーンと恐縮した私は話す。

――きみ、いくら何でもそれはないだろう。

――いえ、決してそんなつもりで読んでいるのでは……。

私の噴きだした個所は、映画ではとても緊迫感がある。場所は雪が降りつむウイーンのはずれにあるアパート。その玄関から管理人の死体が担架で運びだされ、夫人が付き添っている。それを取り巻いてのぞき込む近所の野次馬たち。ちょうどそこへ事件の真相を追う男女がやって来る。殺人があったことを知って不安になり、顔を隠すために人だかりのなかにしゃがんだ男性と、それをじっと見つめるハンゼル。やがて、雪道で待っていた女性といっしょに彼らが人だかりから離れていくところは観る者の不安をあおり、ハンゼルを先頭にした野次馬がぞろぞろと雪道をついて歩くシーンは不気味でさえある。毛糸の帽子と手袋、きちんとしたダブルのコート姿で画面を引き締める小さなハンゼル。

早足になった男女が大きな建物を曲がり、そこで立ち止まったハンゼルに野次馬が合流して一つの塊になる。それを高みから見下ろした街角のシーンは印象的で、人間に潜むどうしようもない群集心理を撮った映像には不思議な魅力があった。地味ではあるが、この映画の数多い見せ場の一つかと思う。

深夜にこの本を開くと思うだけで一日がやり過ごせ、わずかな時間でも物語の空気に触れると一日の辛さを洗い流せた。ぎりぎりの危うい時期を慰めてくれたこの本と映画への思いを簡単には言い表せない。記憶に残る映像に助けられて、多くの夜を本の世界に遊んだ。物語の始まりには、航空会社のくれた食券でハンバーグ・ステーキを食べる主人公のそばに立ち、ある夜はコート姿のまま代用コーヒーを飲む客をホテルの窓越しに眺めた。そして主人公と一緒にバスに乗り、雪の降りつむウイーンの町を歩いた。急造の軍用の橋を渡って冬の運河を越えたこともある。本と映画が混然一体となったその世界には、いつもアントン・カラスのチターの調べが流れているのだった。

この楽しみは、寝る前のごく限られた時間にしか味わえない。夜の深さと静けさが欠かせないのだろう。あと、必要なのは独りであること。それがある日突然、物語の世界に入れなくなった。無二の親友を訪ねて目の前でぴしゃりと門を閉じられたように。それでもこの本を手近に置き、思いついては開いてみる。

数年の間に、本はかなり傷んでしまった。

――第三の男／小津次郎　訳

青空

かつて日本で、『晴れた日に永遠が見える』という映画が上映された。ミュージカル映画だったと思う。私はその映画を観ていないが、出先で偶然にポスターを見た。場所は屋内ではなく空の下。淀屋橋近辺の掲示板に貼ってあったと思うがはっきりしない。ただタイトルを見た時、嬉しさで跳び上がりそうになった。それを抑えたムズムズするような足の感覚を憶えている。どう嬉しかったかといえば、誰にも話さず胸にしまっている印象を、「きみは、こう思っているだろう」と両手に乗せて差しだされた感じだろうか。私にはそのタイトルの一行だけで充分だった。漠然と、海の向こうに同志がいるとまで思った。

映画は観なかったが、その名前を薔薇につけられた主演の女性は知っている。虚実入り交じるが、アガサ・クリスティの生んだ名探偵ポアロもその名前を薔薇に付けられた。彼はドラマのなかで、薔薇の品評会へ出かける前に雑貨屋の主人に話している、「私は今日、ピンクの薔薇になるんですよ」と。

永遠が見える場所などといえば詐欺まがいの見世物小屋を思わせるが、これが案外、日常の何気ない風景のなかに散らばっている。たとえば、電車の窓にとらえる線路から直角にどこまでも続く一本の道。午後の都市をゆったりと流れる川の蛇行や、高架道路を走る車から見る家々の遠い屋根。もちろん、真夏の海と銀色に光る水平線も。その水平線には、客船が小さく孤独に浮かんでいるだろうか。そして、高層建築から一望する光にまみれた市街……。これらの風景に欠かせないもの、それは抜けるような青空だ。

ある詩人は、青空をこのように描いている。

——憑かれているのだ。俺は。蒼空。蒼空。蒼空。蒼空。

マラルメ詩集（鈴木慎太郎　訳）より

冬至

ひさしぶりに芦屋まで出かけ、冬にしては暖かく風のない道を線路の向こうにある山手のスーパーマーケットまで歩いた。買い物ではなく、入口脇にある小さな喫茶室でお茶を楽しむために。ガラスドアの向こうに客は見えず、入ってみると店の人もいない。たったいまのぼってきた坂道側の窓に下りたブラインドの隙間から、溢れるような午後の陽が床一面に差し込んでいる。何かの仕掛けで知らせるようになっているのか、しばらくするとマーケット側のドアから店の人が慌てて戻ってきた。

私はお茶を飲む時、できるだけ好きな風景の見える席につく。それはもう習慣のようなものだった。一人の時はもちろん、誰かとお喋りをしている時も、相手の背後に好きな風景があればと思う。その日も山が見える方の席についた。山の斜面に陽が当たり、山襞がくっきりと美しい。

いつだったか、この喫茶室から山に向かって坂道をのぼっていた時、交差するように下を流れる谷川沿いの数軒の旅館を見つけて驚いたことがある。一度見たきりなので、よけい印象に残っているのだろう。それを思いだしながらジャズに耳を傾けた。何という贅沢。まさに東西の融合だと喜んでいたら陽がサッと翳り、夢のような空間は跡形もなく消えてしまった。又とない時間はこうして過ぎ去る。

午後も遅くなった頃、喫茶室を出た。前の十字路を来た道とは別の方へ下っていくと、山側の民家と民家の間に見えてくるのは茅葺き屋根の喫茶店。石段の上の喫茶店は古くからそこにあるのか、周りにしっくりと馴染んでいる。茅葺き屋根には季節によって違う植物が生えるようで、その日はマーガレットに似た一塊の黄の花を見た。一メートル近くありそうな野草がヒョロリと長い茎をしなわせていた日もある。鳥の運んでくる種子が芽吹くのだろう。そのあたりで海側の家並みが急にとぎれ、海へ向かって視界は一気にひらける。

トウカエデの並木はすっかり葉を落とし、イガイガの黒い枝を空にさらしていた。崖下を走る線路の向こうの空が、淡い黄金色に映えている。冬至の夕空は、息を呑むような美しさだった。まるで誘われるように世界終末説が話題にのぼった。二〇一二年は無事に過ぎたものの、人が生まれて死ぬように何事にも終わりは来る。その前夜、世界の人々は想像を絶するような美しい空を見るだろうか。

著者　ななみ七瀬（ななみ　ななせ）

表紙デザイン：クリエイティブ・コンセプト
根本眞一

小さな宇宙

2025年2月25日　初版　第1刷発行

著　者　ななみ　七瀬
発行者　面　屋　　洋
発行所　清風堂書店
〒530-0057　大阪市北区曽根崎2-11-16
TEL　06（6313）1390
FAX　06（6314）1600
振替　00920-6-119910

制作編集担当・西野優子

印刷・製本／㈱関西共同印刷所

ISBN978-4-86709-045-9 C0095

清風堂書店
SW

SWは清風堂書店のレーベルです。
Spin Words…言葉を紡ぐということを大切にしながら1冊1冊ていねいに編んでいます。